中国艺术研究院基本科研业务费项目

（项目编号：2022-补-10）

黄河、长城、
大运河、长征、长江
论纲

韩子勇
◎
主编

周泓洋　祝东力
◎
副主编

文化艺术出版社
Culture and Art Publishing House

图书在版编目（CIP）数据

黄河、长城、大运河、长征、长江论纲/韩子勇主编.—北京：文化艺术出版社，2023.11
ISBN 978-7-5039-7507-3

Ⅰ.①黄… Ⅱ.①韩… Ⅲ.①中华文化—研究②民族精神—研究—中国 Ⅳ.①K203②C955.2

中国国家版本馆CIP数据核字（2023）第205576号

黄河、长城、大运河、长征、长江论纲

主　编　韩子勇
副主编　周泓洋　祝东力
责任编辑　蔡宛若　齐大任　叶茹飞　董良敏　赵　月
责任校对　董　斌　邓　运
书籍设计　李　响　姚雪媛
出版发行　文化艺术出版社
地　　址　北京市东城区东四八条52号　（100700）
网　　址　www.caaph.com
电子邮箱　s@caaph.com
电　　话　（010）84057666（总编室）　84057667（办公室）
　　　　　84057696—84057699（发行部）
传　　真　（010）84057660（总编室）　84057670（办公室）
　　　　　84057690（发行部）
经　　销　新华书店
印　　刷　国英印务有限公司
版　　次　2023年11月第1版
印　　次　2023年11月第1次印刷
开　　本　710毫米×1000毫米　1/16
印　　张　15.5
字　　数　138千字
书　　号　ISBN 978-7-5039-7507-3
定　　价　78.00元

版权所有，侵权必究。如有印装错误，随时调换。

序

韩子勇

黄河文化、长城文化、大运河文化、长征精神、长江文化，是我们最醒目的文化足迹。辽阔的土地上，悠久的岁月里，这巨大、辉煌、纵横交错的足迹，构成一个大大的"国"字。

这是我们民族的标识和徽记，是我们家园的门楣和梁柱，是我们文明结晶的大块堆垒，是我们纵到底、横到边、引以为傲的灿烂文脉鸿图华构……从北到南，从东到西，横平、竖直、弯折钩，每一画都光彩万里，每一画都写在血脉灵魂里。

重重复重重，多元拱一体。历史力量的方位、节奏和力道，文明结构的布局、功能和机制，价值体系的开放、创新和熔铸，一次次凤凰涅槃，一次次升华跃进，大道直行，九曲回肠，质朴刚贞，缠绵悱恻，行行复行行，好一曲中华民族、中华文化"多元一体"、青春永驻的不朽旋律。

新时代必有大手笔。党中央、习近平总书记，首倡推动、筹划布局国家文化公园建设，百年变局中落笔有神，千钧之重，时不我待，千里万里，蜿蜒沸腾着国家文化公园建设的大"工地"。

中国艺术研究院的十余位学人，面对高山仰止的大题材、大主题，不揣浅陋、抛砖引玉，用一年时日，倾心竭力，撰写出黄河文化、长城文化、大运河文化、长征精神、长江文化五部论纲。"嘤嘤其鸣，求其友声"，意在以熠火引巨光，求更多如椽巨笔的加入与呼应。

2023 年 11 月 7 日

目录

以中为中　多元一体…………… 001

黄河文化论纲…………………… 021

长城文化论纲…………………… 071

大运河文化论纲………………… 111

长征精神论纲…………………… 145

长江文化论纲…………………… 187

以中为中
多元一体

韩子勇

我以为，理解长江，要放在黄河、长城、大运河、长征这个大架构、大系统中。同样，理解黄河、长城、大运河、长征，也是如此。黄河、长城、大运河、长征、长江，都是最重要的中华文化标识，是超级符码，如同中华民族的族徽、门楣、梁柱。黄河、长城、大运河、长征、长江，横到边、纵到底，贯通我们辽阔的疆域和历史，所走过的，是我们伟大文明的深沉足迹，每一步都光耀万里；横平、竖直、弯折钩，写出一个大大的"国"字，这"国"字的每一画，交织穿插、巧妙布局、命运与共，无法打散、拆解、分离，被牢牢焊接在一起，如同中华建筑的榫卯结构，形成一个整体——共同体，中华民族、中华文化的共同体。习近平总书记在2023年6月2日召开的"文化传承发展座谈会"上，点出中华文明具有五个突出属性：连续性、创新性、统一性、包容性、和平性。五个突出属性，不是孤立的，是有深刻联系、内在逻辑的，它们起承转合、相生相继，形成整体叙述。黄河、长城、大运河、长征、长江体现的主要价值，集中彰显了这五个突出属性。

我们常讲：中国是统一的多民族国家，中华文化、中华民族，具有"多元一体"的结构。我体会，这个"多元一体"，重点是"一体"。"多元"蕴涵"一体"，"多元"汇成"一体"，"多元"推动和壮大"一体"。无"一体"无所谓"多元",离开"一体"何谈"多元"!人类历史上,有过许多璀璨的、多元多样的区域文明,有些还相当久远和重要,但生生不息、不曾中断、传承至今,不断发展壮大的,是中华文明。

为什么这样?原因众多。一个关键的因素,是这些早已烟消云散的古老文明,在漫漫历史长河中,没能凝结成足以应对各种挑战的一体化结构,没能形成足够庞大、持久、升级迭代的一体性力量。也因此,"多元"虽"多元"矣,但"一体"不存"多元"焉附?正是"其兴也勃焉,其亡也忽焉",在大时代的激荡搏击中,如彗星划过历史的天空,最终倾覆、断裂、消失、湮灭,成为考古学家们孜孜打捞、探寻和拼接的文明碎片,变成今人多不识的多元性之死。

从对比可以看到,"多元"并非必然形成"一体","多元"甚至可能成为对冲和消解"一体"的因素。在中华文明"多元一体"的命运中,"一体"力量占主流,是主要矛盾的主要方面。即便在分崩离析的乱世,在各种力量竞相角逐、昏天黑地的漫长时刻,仍有不灭的曙光,始终闪现在历史的地平线上,就是各种力量都在争正宗、正朔、正统,追求"一体""大一统""江山一统"。而最终是"一体"胜出,并且新的"一体",体质更刚健、血脉更澎湃，出现耀眼的"历史补偿"现象。

中华文明"多元一体"，不仅是历时结构，还是共时结构。它在时间和空间上，是统一的、一致的，是同时加强的。这一点，在新石器时代、在"满天星斗"的文明起源初期，就已经闪现出来。比如中华玉文明，中华大地皆有玉。北至黑龙江小南山遗址、西至西域昆仑、南至岭南以远，在黄河、长江流域，更是玉华繁盛、无以复加。在这个大空间里，一开始，它们就此起彼伏、广泛交流互动。陶器、粟、稻、青铜器等也是如此。在新疆阿勒泰吉木乃通天洞遗址，距今4万多年的旧石器时代，考古学者用浮选法发现了碳化的黍。而黄河流域仰韶文化的代表性彩陶，在上游的河湟谷地、在天山南北也广泛分布。西来的青铜冶炼，在中华先进的制陶技术加持下，在黄河、长江流域，终成中华文明的重器……随着文明探源工程的深入，一个越来越清晰的事实是：早在广域王权出现之前，"满天星斗"同时闪烁，共同标记出了一体化的范围，就已经是中华天宇、"一体"征象、"中国相互作用圈"。这样的征象，被黄河、长城、大运河、长江、丝绸之路反复加固。它最近一次的加固，是共产党领导的长征——中国革命的象征。中国革命的胜利，终结了近代中国半殖民地半封建的命运，开创了社会主义新中国——这个全新的共同体。

自然地理是人类活动的基础。黄河、长城、大运河、长征、长江，体现出"一体化"的主导力量。黄河和长江，两条东方大河，构成人类大河文明中最大的农耕区域。黄河、长江，都是中华民族的母亲河、中华文明的摇篮。但这两条大河，从来都不是单一族群、单一生产方式的生息空间，除了农耕集团，它们也是游牧、渔猎集团的重要空间——黄河和长江，是农耕、游牧和渔猎，交织共生的江河，是多元族群、文化和生产方式共流同生的江河，是多元汇聚、混血融合、融为一体的江河。黄河、长江，从头至尾，均在中国域内。这两条完整水系、伟大的文明空间，标定了中国三级地阶。"逝者如斯夫，不舍昼夜。"三级地阶，从青藏高原到浩瀚大海，一阶都不能少，一步都不能少，那是巨人留下的光辉足迹。黄河和长江，日夜奔腾流过的，是不断"一体化"的历史过程。

"黄河之水天上来，奔流到海不复回。"中国古人一直在探索江河的源头。诗人昌耀的组诗《青藏高原的形体》，有一首《寻找黄河正源卡日曲[①]：铜色河》。诗人写道：

[①] 卡日曲：水名。藏语原意为铜色河，是黄河正源。发源于巴颜喀拉山支脉各姿各雅山北麓。海拔约 4800 米。

从碉房出发，沿着黄河

我们寻找铜色河，寻找卡日曲，寻找那条根。

是以对于亲父、亲祖、亲土的神圣崇拜，

我们的前人很早就寻找那条铜色河，寻找铜色河大沼泽。寻找铜色河的紫色三岔口。

寻找河的根。

我们一代代走着。

走向五色光与十二道白虹流照的西界。

在我们前方很远很远——荣禄公都实佩戴着金虎符，楚尔沁藏布喇嘛手捧《皇舆全览图》，乾清门侍卫阿弥达身着河源专使的华衮……①

我们一代代寻找那条脐带。

我们一代代朝觐那条根。

---

① 下列各位历史人物对于河源的考察均有实际贡献：都实——女真族人，元至元十七年（1280）奉命率队往求河源，绘制了黄河源头图。楚尔沁藏布——僧侣，清康熙五十六年（1717）受命绘制青海、西藏舆图，逾河源，涉万里。阿弥达——官居乾清门侍卫，清乾隆四十七年（1782）奉高宗"务穷河源告祭"谕旨，西逾星宿海更二百里。

以中为中　多元一体　007

历史太古老：草场移牧——

西羌人的营地之上已栽种了吐蕃人的火种，而在吐谷浑人的水罐旁边留下了蒙古骑士的侧影……

看哪，西风带下，一枚探空气球箭翎般飘落。

而各姿各雅美丽山①的泉水

依然在晨昏蒙影中为那段天籁之章添一串儿冰山珠玉，遥与大荒铜铃相呼，遥与铁锚海月相呼，

牵动了华夏九州五千个纪年的悬念。

雪风

烤得我们浑身绀紫了。

而我们的心肠好热。

我们美似二十世纪浇铸的青铜人。

我们手执酥油浸泡的火把，从碉房出发，告别庭院除夕的篝火，一路度过了沐浴节、吃酸奶节、望果节……

直向着云间堂奥莫测的化境。

---

① 各姿各雅：山名。藏语原意为雄壮美丽的山。

而看到黄河是一株盘龙虬枝的水晶树。

而看到黄河树的第一个曲茎就有我们鸟窠般的家室……河曲马……游荡的裸鲤……

看哪，那些守护神，名号熠熠生辉，何其令人敬畏：

是牛角虎峰。①

是犏母牛黑山。

是黑蛇状独岗。

是形如羱羊之山。

是九座白石崖。……

那些侏儒植物在灵光之下一片感动。

而我们的脚踵已从大地经纬触及到了这片腾飞的水系。

铜色河边有美如铜色的肃穆。

今天的人们，最终确定黄河正源是青藏高原巴颜喀拉山北麓的约古宗列盆地。但从这首写于20世纪80年代的诗，我们读到

---

① 牛角虎峰及其以下四条地名均系河源地区山名。按藏语原名音译依次为雅拉达泽、作毛那角、知那岗疆、年扎、扎尕各周。

不同朝代、不同民族、不同身份的队伍,逶迤向河源的掘进;读到斗转星移、时光变迁中,文明的耕耘和移牧:"西羌人的营地之上已栽种了吐蕃人的火种,而在吐谷浑人的水罐旁边留下了蒙古骑士的侧影";读到"是以对于亲父、亲祖、亲土的神圣崇拜""牵动了华夏九州五千个纪年的悬念",寻找的那条根,是"多元一体"的根。这盘龙虬枝的根脉,深扎于地球最伟大的台地,比高原更高、更厚、更深。这根,下达黄泉、上接天宇,与天地同生共长。黄河源的寻找,也是长江源的寻找。黄河、长江,同源青海昆仑。很早之前,古人就有"江河同源"说。事实上,它们的确相距不远。黄河流出青藏高原,掉头向北,走出龙腾虎跃的"几字弯",孕育石峁、陶寺、双槐树、龙山、仰韶、二里头、河洛古国、夏商周……长江巨流广腹,流出青藏高原,臂弯南伸,生发三星堆、彭头山、屈家岭、河姆渡、崧泽、良渚……造就一片片中华膏腴之地,富庶江南。命运早被前定:江河互济、江河一体——这向北、向南的文明双弓,拉满中华文明"一体化"的核心张力。隋唐以后,应运而生的大运河,是中华民族的大运之河,又使这文明的双弓更加同根连枝、同声相呼、同气相求,深描出中华古典文明的农耕本色。因此,我们说,黄河、长江,是多姿多彩、丰沛激荡的中华文明基因链的"双螺旋",形成中华文明"一体化"进程双重驱动模式。

　　黄河、长江，犹如孪生姐妹，都是中华民族的母亲河。携手从青藏高原走来，浩荡流过的，是生生不息的文明血脉。山高水长、山河相依、江山永固——山河不可分，山有多高，水就有多长。黄河、长江皆源于昆仑，也必须源于昆仑。屈原《九章·涉江》云："登昆仑兮食玉英，与天地兮同寿，与日月兮同光。""昆仑信仰"，曾是黄河、长江流域的农耕集团、游牧和渔猎集团的共同信仰。作为文化喻体的"昆仑"，其地理方位，因文化扩展不断位移——从石峁皇城台、陶寺崇山、中州嵩山、齐鲁泰山、晋陕太行山、秦岭华山，一直向西，直抵河西祁连山，直抵青藏高原昆仑山，直抵西域天山、于阗南山。《史记·大宛列传》记载："汉使穷河源，河源出于阗，其山多玉石，采来，天子案古图书，名河所出山曰昆仑云。"张骞"凿空西域"，黄河被武帝钦定为源于于阗南山，这是"昆仑"名讳的再次西移。山河构成中华心理谱系、文化喻体、精神象征。历史上，昆仑是天命所归、王权所至的地方，是万水之源、通天之柱。山河一体，山通天、水泽地。中华民族上善若水、以水为师。中华民族以山为天、以天为山。于右任有诗云：

葬我于高山之上兮，望我故乡；故乡不可见兮，永不能忘。

葬我于高山之上兮，望我大陆；大陆不可见兮，只有痛哭。

天苍苍，野茫茫，山之上，国有殇！

于右任衰年依然炽热的爱国主义和家国思念，安放在中华的高山之上。山河皆喻体，中国人敬天法祖、崇山敬水，离不开山水——有山水精神、山水画、山水诗，有渔夫樵夫、隐士高士，有桃花源、理想国、昆仑神话。中国人的山和水，一直浸泡在中国文化里。这就是中国人的家园，中国人的乡愁。哪有什么无水之山、无山之水呢？山水是一体，黄河、长江、昆仑，是一体。黄河、长江、昆仑，量度出中华民族、中华文化恢弘的尺度、结构和体量。山高水长、江山永固，黄河、长江、昆仑，不可割、不可分，它们是整体、共同体。

恩格斯曾借用自然科学"力的平行四边形法则"，阐述历史力量的发展运动。"我思故我在。""河出图，洛出书，圣人则之。"中华文明中，河图、洛书、阴阳、五行、易的观念，是最早的中国之思、东方范式。它们和"力的平行四边形法则"，有某些相似之处。综观中华地理、人文形势，这个"力的平行四边形"，在夏商周，以东西为主。秦汉后，更多是南北力量角逐，你来我往、我来你往。中华山河有象，四围匝罗，形势完整，是一个整体的地理单元。这单元，其中有中。从"天地之中"的洛阳、从中原，向东南西北四方望去：向西，沿着丝绸之路，穿过河西走廊，是西域的沙漠、绿洲、雪山、高原、天山、喀喇昆仑；黄河以北，则有长城，是漠北、游牧社会，无尽寒林和冻土带；向南是长江，是后来居上、日益富庶的江南社会和亚热带密林；向东是纵贯南北的大运河和大海的万顷波涛——这片四围如屏、广袤多样、融会贯通的大场域，为"多元一体"的大尺度、大结构、大体量，奠定了文明衍生蕃息得天独厚的自然基础。四围之中，只有向北，是明显的扇形敞口。黄土高原与蒙古高原相连贯通，沿黄河中上游两岸，密布最为活跃的农耕集团和游牧集团的交织互动，这也决定主要的力量结构，大致呈南北分布。总括而言，"多元一体"之"多元"，农耕和游牧是最大的"两元"——譬如太极，犹如阴阳，是中国历史两大力量集团，是"力的平行四边形"最重要的两边、两角。于是，沿长城一线，类似太极的阴阳线，成就这个对立统一体的矛盾运动。这个对立统一体，细细想来，也遵行矛盾规律、质量互变规律、否定之否定规律。以黄河、长江为主体，人类最大的农耕集团和最大的游牧集团——漠南、漠北、漠东、漠西，从大兴安岭的嘎仙洞、阴山以北的狼居胥山、阿尔泰山的洞天福地，一直向西延伸到亚欧草原带——这两支力量，上演了人类最为威武雄壮的历史长剧。开阔、曲折、相通相连的黄河、长城一线，成为历史力量最活跃密集的织体，成为历史这口大坩埚的埚底——风最大、柴最多、火最旺，受热最多，融合结晶也最多。

我们可以设想，如果没有一波一波、季风般深广不息的游牧力量，历史或许略显平淡；如果没有长江、长江以南日益稠密的农耕力量，维持着对立统一体的平衡、持续不断的支撑，这坩埚或会倾覆——如同古罗马、古印度、古埃及、古巴比伦，变成另一种景象，另一个故事。因此，大历史的演化中，我们看到，在黄河、长城以北，几千年来的农耕线不断向北延伸，直到人力不可为为止。这样的人类景象，犹如辉煌旋转的星云，没有撕裂、坍塌、崩散，反而越旋转质量越大，越旋转尺度越大，形成团结统一、生生不息、青春永驻的共同体。我们甚至可以描述，这个以南北为旋臂的星云，其旋转的轨迹，是顺时针的方向。我以为，可以在这样的结构中，理解黄河、长城、大运河、长江。甚至连长征，也是顺时针旋转的，危亡时刻，由东南向西北汇聚，完成中国革命的战略大转折，形成中华各民族抗日统一战线，而长城、黄河、长江、大运河，随着命运的长旅，一跃而起，同仇敌忾，共御外侮。

中华文明，"以中为中"。以中为中，才能形成强大的引力场。以中为中，才能不管盛世乱世，"引力"始终大于"斥力"。这是中华文明作为原生文明，生生不息、不曾中断的秘密。"力的平行四边形"也好，"太极生两仪"的范式也好，并非绝对的平分、对称和守恒，关键是"主要矛盾的主要方面"。中华为一体，中华是一家，不以族群血缘为界，而以文化认同为主导、主要。正所谓"主要矛盾的主要方面"，决定事物性质、运动规律。"主要矛盾的主要方面"，即是"核"，即是"中"，矛盾的双方共同推动"中"的演化、壮大和发展，推动着共同体的演化、壮大和发展。

这个"中"，是人文地理、力量辐辏之"中"，也是文化、观念、制度、政治统绪的"中"——是地理之中，也是观念秩序之中。人文地理、历史力量的辐辏之"中"，在哪里？是黄河中下游的先民们，最早奠定时空秩序和底层逻辑，把天下、周遭环境、脚下之地，作为观察、沉思、推演的中心与起点。"金木水火土"，四方四象——"土"居中。"天地玄黄，宇宙洪荒，日月盈昃，辰宿列张。"先民抬眼看到的天地，看到的这个"土"，最先对应的，是黄河中下游区域，是脚下的"黄土"。于是，黄土、黄帝、皇天后土，成为最早的"天地之中"。黄河先民"五行"说，一出手即是大文章。取象喻理，巡睃天下，思无际涯，最大限度地概括了中华故园核心区域的时间、方位、颜色、尺度、材料、结构和样貌。中华先民，把中国之中、天下之中，留给黄色、黄土、黄河的中下游，黄河冲出禹门、跃出第二地阶、进入肥沃平原的核心区域。鱼化龙、鱼跃龙门，那些彩陶上连绵不断的神秘水纹、人面鱼纹，那些繁杂神秘的、形而上的花鸟鱼龙，汇聚、映现、旋转，融汇出天下之中。

万物负阴而抱阳，中气以为和。这个"和"，是"中和"。有"中"才有"和"，能"和"方为"中"。"宅兹中国"，中原、中庸、中和、大一统……中华先民为自己确定了一个地理和心理的原点、坐标、演化的渊薮，萌发衍生出族群和文化的"多元一体"，形成休戚与共的凝聚力、向心力、命运共同体。这个"中"，成为大道、神灵、信仰，成为升腾在中国人心灵深处的"万有引力之虹"，成为群己合一、家国同构、和谐团结、爱国主义的深沉基础。中州方言里的一个高频字——"中"，关键时刻，人们会问一句："中不中？""中。"这个"中"，真是源远流长、意味深长，是肯定、允诺、一言九鼎。

如果为黄河、长城、大运河、长征、长江，求一个最大公约数，找一个共同价值，而且只能用一个字来代表，就是"中"。这是"天地之中""求中建极"的"中"，是"宅兹中国""居中而治"的"中"，是"天下一统""世界大同"的"中"，是"允执厥中""极高明而道中庸"的"中"。中华民族、中华文明"多元一体"的结构，抗震性最好，结构最佳，功能作用最强大，因为它有不断生成壮大、连接延伸、协调灵活的"榫卯结构"。这个天造地设的"榫卯结构"，是因"中"而生，为"中"而立，求"中"而成。泰山不颓、梁木不坏、哲人不萎，皆因其丰沛激荡的中正气象。

中华文明是大文明。这个"大"，不是古埃及尼罗河下游的绿洲，狭长逼仄、易断易折的一绺；不是被沙漠分割包绕、难聚难拢的古巴比伦绿洲；不是离散杂多、缺乏一体化力量的南亚次大陆文明。中华文明的核心腹地，足够肥沃广大，很早就稠人广众、交流频繁，走上"月明星稀"的中心化结构。"秦王扫六合，虎视何雄哉！挥剑决浮云，诸侯尽西来。"秦朝结束封邦建国，推行郡县制，建立第一个中央集权的大一统王朝。汉随秦制，农耕集团内部的中心化结构得到升级加固。之后，经历三国两晋南北朝的震荡、嬗变、融合，到了隋唐，包括农耕和游牧两大集团在内的中心化结构得以升级扩容，中原的皇帝，也是草原的天可汗。元，特别是清，少数民族入主中原，征服者被征服，否定之否定，更加发挥优势，以中为中，巩固西南联系，青藏高原收于宇内，广大西域故土新归……中国大一统的中心化结构，迭代升级，继续推动中华民族共同体和中华文明共同体的有机统一。

宇宙星辰，因大而中，因中而大，中大圆融而光明四射。其演变运行，有稳定的轨迹、规律。小物体形容破碎，无所谓中。尘埃只有布朗运动，离散飘移，终被捕获。文明现象，亦可作如是观。小文明无所谓中，难成中心化结构。大文明则具有类似宇宙天体般的"万有引力之虹"，如星云的结体壮大，如银河的周天旋动。中华五千年治乱分合，各种力量竞争碰撞，殊途同归的是中、是和、是中和。从大历史看，所有力量的竞争，皆是在竞中、在竞和。因此，所有碰撞，最终变成一道道金光闪闪的焊缝。长城就是这样一条条的焊缝，一次焊不住，就再焊一次，从虎山长城、从山海关，到西域烽燧、帕米尔的石头城——这貌似分割、分开的墙，一次次电光雷石后，结晶出更坚强的融合力、连接力，成为中华民族牢不可破的象征。大运河也如此，连接江河，沟通南北，是一条水的焊缝。黄河、长城、大运河、长征、长江等国家文化公园，是中、是共同体、是我们共有的家园。在世界百年变局、国际局势震荡、中国式现代化已到中流击水的今天，我们更要"以中为中":坚定"两个维护",树牢"四个意识",做到"两个结合",同心同向跟党走。

习近平总书记说:"一部中国史,就是一部各民族交融汇聚成多元一体中华民族的历史,就是各民族共同缔造、发展、巩固统一的伟大祖国的历史。""我们辽阔的疆域是各民族共同开拓的。""我们悠久的历史是各民族共同书写的。""我们灿烂的文化是各民族共同创造的。""我们伟大的精神是各民族共同培育的。"深思漫想黄河、长城、大运河、长征、长江,加深了我对习近平总书记关于"四个共同""五个突出属性""铸牢中华民族共同体"的认识。

建设国家文化公园,是国家战略,是习近平文化思想的重要内容,是新时代伟大的文化工程。在建设国家文化公园的过程中,要始终贯彻习近平文化思想,把握好国家文化公园的文化属性和价值定位,在"四个共同""五个突出属性""铸牢中华民族共同体"上下功夫,不停航、不迷航、不偏航,守正创新、行稳致远,为中国式现代化、为建设中华民族现代文明、为中华民族伟大复兴贡献文化力量。

2023 年 10 月
定稿于北京

黄河文化论纲

任慧 李静 肖怀德 鲁太光

一、黄河：中华民族的母亲河

人是自然之子，自然地理是人类活动的基础。黄河是中华民族的母亲河。她孕育流动出一个伟大的文明。在漫长的地质年代，黄河频繁的泛滥和改道，形成了北温带最大的冲积扇平原，为农业的产生发展提供了得天独厚的条件。黄河的"几"字形大弯，串起深广稀薄的游牧社会。沿长城一线，两种生产生活方式的交流碰撞，波澜壮阔，激起中华民族、中华文明交流融合的浪花。"凿空"西域和丝绸之路的开通，打开向西之路，把亚欧大陆的文明联系在一起。在南方，长江流域的农业开发后来居上，大运河的开凿把黄河流域和长江流域串联起来，推动大一统王朝的政治、经济、文化和社会均衡发展。

以黄河为轴线，向西是丝绸之路，是绿洲、沙漠、雪山、高原；向北是长城、漠北、牧场、冻土带；向南是愈益富庶的江南和岭南地区；向东是纵贯南北的大运河和万顷波涛的大海。这个四围如屏，形态完整，内部广袤多样的广阔场域，为中华文明"多元一体"的大结构、大体量奠定了自然基础。

黄土高原形成于第四纪华北原地台的古陆上。伴随燕山运动和山西高原的抬升，中国大陆西高东低的三级台地逐渐形成。新生代的喜马拉雅造山运动，不仅塑造了西南、西北的高原山脉，也促使西北沙漠和戈壁开始形成。

今天看来，由系列褶皱断块山岭与陷落盆地组成的黄土高原，曾经是一片汪洋，可称其为黄土原湖。1500万年前的地壳运动，使湖区内部有推升、有沉降，形成了今天黄土高原的地貌，俯瞰着华北平原。黄土高原是地球上黄土分布最集中、面积最大、最深厚的区域，平均厚度在50—100米之间，部分地区厚达二三百米。如此厚的黄土层是如何形成的？比较一致的观点是"风成说"。

天地玄黄，宇宙洪荒。"大风从西北起，云气赤黄，四塞天下。"① 黄河中上游的先民，初见并惊异的天地之色是"玄黄"，这独特、强烈的视觉经验，似乎也暗合了风成地貌之说。在距今200万至300万年前的"第四纪大冰期"，青藏高原的抬升挡住了印度洋温暖季风的北上，蒙古高压气团随之增强，形成干燥寒冷的西北气流。黄土高原以西的广阔地区，植被稀疏，沙漠和戈壁广布，经年不息的强劲西北气流裹挟地表泥土，吹向东南，到了黄土高原地区，风力减弱，尘埃落定，最终形成被泥土层层覆盖

---

① （东汉）班固撰，（唐）颜师古注：《汉书》卷二十七，中华书局1962年版，第1449页。

的黄土高原。

"黄河之水天上来，奔流到海不复回。"（李白《将进酒·君不见》）黄河的涓涓细流，从巴颜喀拉山脉北麓的约古宗列盆地流出，一路向东，横跨青藏高原、内蒙古高原、黄土高原、华北平原等四大地貌单元，流经中国的三级台地，不断地接纳渭水、泾水、汾水、涑水、沁水、洛水、漳水等数百条支流，形成庞大的水系，奔流入海。

"西北土性松浮，湍急之水，即随波而行，于是河水遂黄也。"[①] 西高东低的台地，为黄河提供了强大的冲击势能。本原清澈的黄河，流经黄土高原时，切入疏松的土壤，大量泥沙的注入，使黄河成为一条泥河——世界大河中含沙量最高的河。在世界大河中，黄河有最为强大的平原塑造能力。"九曲黄河万里沙，浪淘风簸自天涯。"（刘禹锡《浪淘沙·九曲黄河万里沙》）黄河是风、水、土的合力巨作，是天作地合，如阴阳，如父母，如伟大的受孕、化育和成长，为中华文明的诞生铺就天然的产床。西起高原，东至大海，北达朔方，南通淮河，这片世界上最大的农耕文明区域，见证的正是至柔又至刚的黄河母亲的伟大。

[①] 张霭生：《河防述言》，载黄河水利委员会黄河志总编辑室编《历代治黄文选》（下册），河南人民出版社1988年版，第230页。

"当尧之时，天下犹未平，洪水横流，泛滥于天下"[1]，大禹"治水"成"五帝"美名。一个"治"字，从水从台（胎），上善若水，以水为师。治水的需要与早期国家的形成连在一起，这条时而安详温驯、时而游荡不羁的大河，复杂而深奥，如无言的教诲，始终启迪、考验、锤炼着中华文明。

人类由渔猎、采集、游牧走向农耕，几乎是诸文明的一般叙事。中华民族则更为典型。"神农因天之时，分地之利，制耒耜，教民农作。"[2]距今180万年前的西侯度人，已经学会将石头磨制成适用于刮削木棒、割剥兽皮、砍伐树木和挖掘植物的形状。距今1万年前的新石器时代，农业生产从刀耕火种进入耜（铲）耕阶段。远古的黄河儿女已经掌握了粟等农作物的种植经验，在疏松肥沃的冲积扇平原，先民用石斧、石锛砍伐树木，开垦荒地；磨制锋利的石铲，翻地松土，准备耕作；使用锯齿形的石镰收割成熟的谷物，再用石磨盘和磨棒加工，去除糠皮，将其储藏，成为一年安居乐业的主要食物来源。先民们从此告别了"毳帐穹庐、

---

[1]（清）阮元校刻：《十三经注疏·孟子注疏》，中华书局1980年版，第2705页。
[2]（清）陈立撰，吴则虞点校：《白虎通疏证》，中华书局1994年版，第51页。

鸟居逐牧"①的生活方式，在黄河母亲的怀抱中安定下来。

在渔猎、采集、游牧向农耕定居的过渡中，隐约可见的一种转化模式，往往出现在丘陵和平原的交界区域。在中国，此区域位于黄河冲出第二台地边缘——豫陕晋交汇之处，亦即黄河中上游的平原、丘陵、浅山、岇塬之地。先民们"因陵丘挖穴而处"②，筑穴而居，躲风避雨。随着原始农业在黄河水滋养的黄土地上稳步发展，先民们逐渐走向宽阔平坦之地，黄河水"时至而去，则填淤肥美，民耕田之。或久无害，稍筑室宅，遂成聚落"③。前仰韶文化阶段，人们居住的房屋大多由穴居变为半穴居建筑，位置渐趋靠近方便耕种的区域。仰韶文化时期，地面建筑开始出现，主要选址在河流交汇处沿岸的台地上，聚落形态初具。在晋南临汾陶寺遗址，陶寺中期聚落中已出现集中分布的宫殿建筑区，多层次的墓葬等级，初步具备早期国家的特征。雄踞黄土高原的陕西神木石峁城址，则具有比陶寺更加恢宏的气势，内外两道石砌城墙，8万余平方米的"皇城台"，多处城门、墩台、角楼等结构复

---

① （唐）玄奘、辩机著，季羡林等校注：《大唐西域记校注》，中华书局1985年版，第43页。
② （清）孙诒让撰，孙启治点校：《墨子间诂》，中华书局2001年版，第168页。
③ （东汉）班固撰，（唐）颜师古注：《汉书》卷二十九，中华书局1962年版，第1692页。

杂的建筑，以及大量精美玉器，表明石峁很可能是上承陶寺、下接二里头的具有早期国家雏形的都邑性聚落。

中华文明自始就是多元一体的，这个"多元"，最初便包括农耕与游牧两种基本的力量。陶寺所在的临汾盆地处于中原核心区和北方游牧圈的交界处，不同生产生活方式和不同社会集团间的短兵相接、互动竞争，促成了陶寺"国家"的诞生。在中国，与人类历史上最大的农耕集团毗邻相接的，正是贯穿亚洲草原带的游牧力量，农耕与游牧两大力量相生相争、相辅相成，"相忘相化，而亦不易以别识之也"[1]。以黄河为轴线，长城和丝绸之路上下相随，这三条线横贯中国北方广大区域，是早期历史的高温区，最先融汇了中华文明、中华民族的崇高结晶。

中华文明所处的地理空间、生产生活方式、社会结构和文化观念等，决定了文明体的场域、结构、维度、规模、体量和性质。早在甲骨卜辞中，黄河先民已用文字表达清晰的中心化结构和四方观念，以及与之相应的四时、四象、四灵等传统文化观念。"苍龙、白虎、朱雀、玄武，天之四灵，以正四方。"[2] 有四方必有中

---

[1]（明）丘濬：《内夏外夷之限》，载（明）陈子龙等选辑《明经世文编》卷七三，中华书局1962年影印本，第615页。
[2] 何清谷：《三辅黄图校释》，中华书局2005年版，第160页。

央,"王者京师必即土中"①。古人很早就相信,占据了中心就可以协调四方,"顺天之和,而同四方之统也"②。他们也这样想象和安排天的秩序,北极在天之中,日月星辰环绕它运行,仿佛被"璇玑玉衡"(《尚书·舜典》)所指挥一样。

中国之中心,早期就位于黄河流域的中上游区域,在黄土高原和冲积扇平原的交汇处,"黄,土之正色也。土居天地之中,又得离明之正"③。中华文明的地理空间是一个不断加强、巩固和拓展的中心化结构。唐宋之后,经济中心南移长江流域,但作为政治中心和文明交汇的锋面,黄河流域依然处于结构的中心。"天地开辟,未有人民",于是在黄河之滨,"女娲抟黄土作人"④。"黄帝以姬水成,炎帝以姜水成"⑤,炎帝、黄帝同样是在黄河流域发展壮大。

回首历史,唯有黄河在历史上独享"河"之美名,同时还被称为"百川之首"和"四渎之宗":"中国川原以百数,莫著于四

---

① (清)陈立撰,吴则虞点校:《白虎通疏证》,中华书局1994年版,第157页。
② (宋)李昉等编纂,夏剑钦、王巽斋等校点:《太平御览》第二册,引谯固《法训》,河北教育出版社1994年版,第484页。
③ (元)陈应润:《周易爻变易缊》,上海古籍出版社1990年版,第102页。
④ (宋)李昉等编纂,夏剑钦、王巽斋等校点:《太平御览》第一册,引《风俗通》,河北教育出版社1994年版,第672页。
⑤ 徐元诰撰,王树民、沈长云点校:《国语集解》,中华书局2002年版,第337页。

渎，而河为宗。"①如此"宗""首"，从何而来？"昆仑之丘……河水出焉。"②张骞"凿空"西域，开拓了对西域的认识。《史记·大宛列传》记载："汉使穷河源，河源出于阗，其山多玉石，采来，天子案古图书，名河所出山曰昆仑云。"③汉武帝时，"河出昆仑"与深信不疑的天命观相一致。《汉书·西域传》记载："河有两原，一出葱岭山，一出于阗。于阗在南山下，其河北流，与葱岭河合，东注蒲昌海。蒲昌海，一名盐泽者也，去玉门、阳关三百余里，广袤三百里。其水亭居，冬夏不增减，皆以为潜行地下，南出于积石，为中国河云。"④历朝历代，关于昆仑，关于黄河源的探寻、记载、想象和叙述，与"天圆地方"、中心化的空间建构、天命观、"大一统"观念，有着文化上的一致性，拓展着中华文明的维度，把西域文明纳入一体之中，并通过丝绸之路，建构起与世界的联系。

---

① （东汉）班固撰，（唐）颜师古注：《汉书》卷二十九，中华书局1962年版，第1698页。
② 方韬译注：《山海经》，中华书局2011年版，第48页。
③ （西汉）司马迁：《史记》卷一百二十三，中华书局1959年版，第3173页。
④ （东汉）班固撰，（唐）颜师古注：《汉书》卷九十六，中华书局1962年版，第3871页。

二、黄河：中华文明的发祥地

中华文明的成长步履，也如九曲黄河，冲决跌宕。天地之间，黄河咆哮而来；天涯尽头，黄土四面散开。黄河如强壮血脉，黄土如丰腴肌体，二者交缠，结出庞大丰饶的母体，翘首等待文明"婴孩"的第一声啼鸣。终于，黄河沿岸出现了先民的足迹，西侯度人、蓝田人、丁村人、大荔人、河套人、山顶洞人、仰韶人……代代先民繁衍生息、劳动创造，印刻出中华文明的成长轨迹。如此看来，地理与人文互相成就，万古江河亦是人文巨流。

文明"婴孩"的成长之旅，蒙昧暗夜被逐渐照亮，文明的里程碑渐次落成。其中，火的使用是起点性的时刻。作为异物的火焰，最初令人心生恐惧。渐渐地，人们才发现火是不可缺少的生存伴侣，可以烤制食物、驱寒照明、抵御野兽，让人更好地适应环境。从利用自然火，到人工取火，先民对火的管理和使用，开创了刀耕火种的原始农业，促进了制陶等手工业的发展。

在不断适应与改造环境的过程中，新工具不断涌现。冲积扇疏松的黄土，是容易引发农业革命的区域。原生态的石头工具已不能满足需要，先民们根据自己的使用目的研磨和重塑它们。在收获果实的时候，更顺手、更具目的性的石器应运而生。蒸煮谷物与储存食物时，钵、鬲等陶器也开始流行，它们还被绘上美丽的花纹，实用性与艺术性从起源时便难分彼此。

据考古发掘统计，黄河流域留下了高密度的、连续的、同时期最为先进的史前文化遗存，仅旧石器时代的考古遗址，就有七成分布在黄河流域，强有力地证明了黄河作为"文明坩埚"的地位。在成千上万年的漫长岁月里，早期文明迤逦而行：旧石器、新石器、陶器、青铜器、铁器，出土的器物被拂去尘土，焕然如新，讲述着文明迭代升级的历程，同时也奠定下中华文明精于工艺、善于创造的基因。

在石器时代，心灵手巧的中华先民，留下两项突出的创造：一是玉。古人言："玉有五德，温润而泽，有似于智；锐而不害，有似于仁；抑而不挠，有似于义；有瑕于内，必见于外，有似于信；垂之如坠，有似于礼。"（刘向《五经通义》）《诗经·秦风·小戎》曰："言念君子，温其如玉。"二为稍晚出现的瓷，光彩闪耀三千年，瓷器甚至成了欧洲想象"中国"的代名词。

与工具升级相伴的，是农耕文明的日益发展。关中民谣唱道："泾水一石，其泥数斗，且溉且粪，长我禾黍。"早在仰韶、龙山文化时期，黄河流域的农业就已十分发达，并兼有畜牧业。甲骨卜辞、《诗经》中多次出现粮食的名字，目前也已挖掘出土各式农业生产工具。双槐树遗址出土的牙雕家蚕，仿佛正在吐出闪亮的丝，与附近的青台、汪沟遗址共同见证农桑之起源，为日后开辟通往世界的丝绸之路埋下前因。

农耕是更为复杂的人类劳动。"江山社稷"，"社"为土神，"稷"为谷神，昭示中国农耕社会之早熟。以农业为主体，手工业、畜牧业共同发展的生产方式，孕育了先民的自然观、时间观、宇宙观乃至伦理观。"上知天文，下知地理，中晓人和"，他们与天文地理相知相守，在变动和循环中寻求稳定；他们精耕细作，积累交换，合力治水，从中感知"群"的重要，凝聚和合之伟力；他们因应时变，对晨昏、四季、节令有着敏锐感知，稳重之余亦有灵动，养成了中庸通透的处世之道。

生产发展，人口增加，物质与精神的双重交流变得迫切。交流碰撞加速着聚集，而聚集又带来更大规模的交流碰撞，催生文字的出现。上古仓颉造字，"天雨粟，鬼夜哭"（《淮南子·本经训》）。这最先的"立言"，确立了史前诸文明交流、竞争、成长的胜出者。陶器上仰韶文化的刻画符号、半坡文化上的鱼形纹样，表达了先民的需求和意愿。"后世尚文，渐更笔画，以便于书"（吕大临《考古图》），文字一点点摆脱图形的拘束，接近于我们熟悉的样貌。甲骨文已是商朝后期的文字，数量达四千余个，已具备汉字造字象形、指示、会意、形声、转注、假借的"六书"原则，文法也已渐成习惯和规律。《尚书·多士》云："惟尔知，惟殷先人，有册有典，殷革夏命。"甲骨文是成熟的文字系统，记录了政治、经济、社会与精神信仰等各方面信息，标记了殷商文化的复杂程度。透过甲骨卜辞，可以了解殷商设立的祖先崇拜的宗庙制度，感知其中"敬天法祖"的精神气质。

同样由于生产的发展，盈余与交换变得普遍，社会分化随之出现。黄河流域的恢宏体量所带来的面积、人口及其巨大的物质、精神交换需求，召唤着适宜的社会组织方式与高效的政权组织方式的出现，这无疑又是对先民智慧的一次考验。夏朝一改禅让制，始创世袭制，成为中国历史上最初的朝代。"天命玄鸟，降而生商，宅殷土芒芒"(《诗经·商颂·玄鸟》)，继之而起的殷商乃是中华文明的一次飞跃。"殷土"的核心区域，集中在河南、河北、山东等地，尤其是黄河两岸的河南北部全域。殷商拥有发达的青铜器、甲骨文和规模可观的城市，足以与世界上其他早期文明形态相匹敌。殷商一改夏代的部落联合制，发展出了初步的国家机能。风云际会，殷周交替，周代朝着制度化、规模化、文教化的方向挺进，子曰："周监于二代，郁郁乎文哉！吾从周。"(《论语·八佾》)

"周革殷命",其完备发达的诸种制度——井田制、封建制（分封制）、宗法制均脱胎于殷商，文明愈加充实光辉。从商代到西周前期，井田制既是土地的规划和分配方式，也是以血缘为基础的社会组织方式。周代推行的封建制也与宗法制有关，正所谓"封建亲戚，以藩屏周"（《左传·僖公二十四年》）。封建制将政权组织编织为亲戚网络，推崇敦睦亲戚的孝道，讲究君统与宗统相结合，政治伦理与亲族伦理同构，以此将"东土"和"西土"合而为一。在政治实践中则采用一套礼仪，包括分封、朝聘、祭礼、婚姻等。家国同构的政治构造乃是中华文明的突出特征，"修身、齐家、治国、平天下"的运转机制，具有很强的政治认同感、凝聚力和稳定性。"天、地、君、亲、师"乃是最核心的信仰，中国人按照大的秩序结构、伦理规范安顿自己，形成中国独特的群己观念。

宗法制、井田制和分封制三位一体，彰显了周代"礼乐文化"（制度化、道德化）之本色。周文化所追求的理想境界，便是人际亲睦、协和万邦。这也从根本上奠定了中华文明的特质，即和平、包容、协商，致力于用道德和伦理来约束人，而非依靠战争与武力。试想，如果没有周族对于殷族的涵纳、尊重与创造性转换，文明的进步也不会如此顺利。儒家继承和发扬了礼乐文化，由此熔铸为中华文明的精髓。

黄河流域在文明的初生阶段，结下了丰硕的思想文化与科学技术成果。西周时，学在官府，文化为贵族专有。东周后出现私学，诸侯分立，对士的需求增加，各诸侯国大行尊贤礼士之风，而且对各家学说采取"兼而礼之"的态度。儒、墨、道、法、兵等诸家代表人物大多出生和活动于黄河流域，因此正是在黄河流域出现"百家争鸣"的盛况，达到早期文明的思想巅峰。汉代以后，随着佛教的传入，儒、释、道的观念互动、竞合、渗透，形成多元平衡、转化互补的精神结构。

百家争鸣中，涌现出许多中华文明的奠基之作，其中尤以《周易》《论语》《诗经》为代表。《周易》将中华民族关于自然、社会和人生的智慧体系化、哲学化，它的整体思维和辩证思想对中国文化起到深远影响。《论语》《诗经》不仅是中国思想与文学的重要源头，更广泛影响了政治生活、民族性格、文明教化等各方面。此外，在自然科学方面，黄河流域的农学、天文历法、地理、数学、医药等均为后世打下根基，表现出很强的经验性、实用性、通俗性，这也是中华文明与西方文明的迥异之处。"日月出矣，而爝火不息"（《庄子·内篇·逍遥游》），文明之光初耀时，就已然注定它将流布四方，光芒万丈。

文明如水，百川汇流，中华文明在流播与互动中生生不息。黄河之水天上来，它是倔强的，不容分说冲出"几"字形的辽阔地界。它一开始就是长弓巨矢，大幅度地蓄满势能，不断绷直、震荡，一次次发出文明变革的鸣镝。它吸纳无数的支流，丰富、壮大、延展自己的生命。黄河文明从不是僵化板结、封闭静止、唯我独尊的，相反，它在不断交换、流布中保存和壮大自己，犹如一张呼吸吐纳的巨网，不断扩展自身的容量。黄河九曲，夭矫如龙，幅员辽阔，其内部由多元的地理、人文格局而组成的关陇之地、表里山河、风雨中州和齐鲁平川，统统被包纳进黄河的巨大母体之中。它们是黄河文化的多副面孔，没有这种多元与多样，就没有所谓的黄河文化。文明的火光在它们之间传递、奔腾、延烧，蔚然大观，震古烁今。

这样的融合，除去在其内部涌动，也发生于黄河与长江之间，乃至更为广义的南北之间。比如南方的良渚文化与北方的大汶口文化互动密切，在大汶口文化中发现了良渚文化的精美玉器；再比如楚文化对汉文化产生了巨大影响，《楚辞》与巫文化本来就是中华文明的重要维度之一。而黄河文化对于南方的影响更为巨大。秦汉时期，黄河文化传入岭南地区，中原与岭南之间建立"新道"，岭南地区得以开发；郡县制在西南的设置，极大地促进了西南与中原的文化交流。从魏晋南北朝开始，中国进入了民族大迁徙、大融合时期，匈奴、鲜卑、羯、氐、羌等少数民族迁入中原，以华为师，逐渐华化。西晋末年之后，黄河流域的人口和先进文化大量向江南、辽东、辽西、河西走廊、巴蜀、云贵等地迁徙、散播。这种民族大融合直至隋唐形成了空前规模，而隋唐王朝，本就是魏晋以来民族大融合的产物。中华文明的大一统，在动态中形成，因而更为颠扑不破，更具绵长的生命力。

黄河连接了长城内外、东西之间，农耕文明和游牧文明、汉文化和少数民族文化，都在此交汇、竞争乃至融合。"中州万古英雄气，也到阴山敕勒川"（元好问《论诗三十首·其七》），长城内外，皆是故乡。以长安和洛阳为中心的黄河文化，一步步向边疆地区辐射和延伸，推动着少数民族文化的发展，同时也不断从少数民族文化中汲取营养。彼此的交流，具体通过战争、迁徙、互市、和亲等方式深入展开。

其中，张骞两次出使西域，乃是文明交流与发展中的一曲华章。漫漫丝绸之路，犹如丝绸本身的经经纬纬、密密织织，闪烁着柔软、坚韧、不绝如缕、和谐个性的辉泽，编织出中华文明的内质和美意，贯通中国与世界。丝绸之路穿过灰褐色的亚洲腹地，中华文明、印度文明、阿拉伯文明、波斯文明和欧洲文明彼此吸引和交融。沿着先人的步履，东起长安，出陇西高原，经由河西走廊至敦煌，由敦煌向西分南北两道，通往大夏、大月氏、安息，一直通往地中海和埃及。葡萄、苜蓿、石榴、核桃、芝麻，这些今习以为常的饮馔，无不自西域踏马而来；琵琶、胡角、胡笛的悠扬乐音，沿着丝绸之路的迷人曲线，婉转入耳。就连文学创作方面，黄河流域也受到北方诸族的影响，形成迥异于江南的文风，"词义贞刚，重乎气质"（《隋书·文学传序》），造就了中国文学的大格局与大视野。

反过来，黄河文化也传遍了西域。丝绸、桃、杏、铜镜、漆器等物品以及冶铁、井渠、缫丝、造纸等技术也被传到西域。汉语言文字在西域通行后，中原的典章制度、政治架构、古代典籍以及医药、历算、宗教等书籍也传入西域。《梁书·诸夷列传》载，高昌"国人言语与中国略同，有《五经》、历代史、诸子集"，《毛诗》《论语》《孝经》成为学官弟子的案头书。日后在中原建立政权的少数民族，诸如十六国政权，无不服膺于中原的典章制度和风俗习惯。文化的涵濡浸润之功，使中华文明牢牢地融合为一个有机体。

借用梁启超的中国历史分期法——"中国之中国""亚洲之中国""世界之中国"，也可以说黄河不仅是中国之黄河，也是亚洲

黄河文化论纲　039

之黄河、世界之黄河。黄河文化很早就经由陆路和海路向东亚、东南亚等地传播。尤其是朝鲜、日本和越南，深受汉文化影响，形成了传承至今的"东亚文化圈"。丝绸之路的开通，带动了中西文化间的深度交流。这里只需回望一下最为绚丽多彩的盛唐文明：风光无限的国际都市长安城，汉胡杂处，既有蕃胡华化，亦有华人胡化；唐代的音乐舞蹈艺术深受中亚和印度的影响，其乐府伶工大多来自中亚；唐代画坛流行的晕染法，源自印度，经由西域传至中土。当我们潜心欣赏敦煌壁画的飞天曼舞时，应晓得其中镶嵌着一条条文明传播的"金线"；唐代的金银器不仅吸收了传统元素，其形制与纹饰不乏波斯萨珊工艺元素；铜镜也吸收了中亚和西亚的艺术元素，它所映照出的是不同肤色的脸孔；在科学技术上，唐代天文学的进步与印度天文学的成就分不开，侨居长安的印度众僧积极参与唐代的天文观测和历法制订工作。印度的数学，阿拉伯、拜占庭的医药学也在唐代传入中国，"药王"孙思邈的医书上便载有印度、阿拉伯和拜占庭的药方；更不必说从中亚、西亚传入的基督教、景教、摩尼教、祆教和伊斯兰教……今天习以为常的许多文化内容，都是多元文明交流互动的结果。你中有我，我中有你，互动往还，犹如无穷延展的根茎，虽有各自的方向，却又彼此交缠，互为支撑，共同为中华文明的"巨树"提供养分。得益于此，不同文明才可以突破各自局限，不断刷新人类文明的新高度。

文明交汇的点点滴滴，展现了多元互动对文明发展壮大所起的关键作用，同时也揭示出黄河文明在其中的枢纽地位。上述文明互动、民族融合是以黄河文化为中心的，而黄河文化也正是在多元互动中，不断焕发出青春永驻的生命力。黄河在中华民族形成的过程中，起到了熔炉的作用。中华民族正是在一次次的交融和重组中，形成了越来越强的认同趋势。黄河流域犹如"重瓣花朵"的花心，又如熔铸精华的坩埚，如饥似渴地从各个方面吸收先进因素，最早迈进了成熟文明的殿堂。

在中华文明的发展过程中，黄河流域居于轴心地位。正如习近平总书记所指出："在我国5000多年文明史上，黄河流域有3000多年是全国政治、经济、文化中心。"[1] 黄河流域的文明在唐宋之前一直都处于相对先进的领跑者地位。穹宇茫茫，河汉渺渺。这巨大的、多向度的旋臂，在漫长的历史岁月里，日夜不息，旋转、吸附、搅动、融合成星云般灿烂的文明体。

---

[1] 习近平：《在黄河流域生态保护和高质量发展座谈会上的讲话》，《求是》2019年第20期。

黄河是中华文明的发祥地，其源也远，其流也深，其容也巨，其变也新。中华文明的底色正如不舍昼夜的黄河之水，含纳百川、生生不息。文明"婴孩"的初生时刻，已经奠定了不同文化融汇交流、物品互通有无、人民迁徙交往乃至纵横捭阖的基本样貌。黄河文明的包容性、稳定性、凝聚力及其所具有的礼乐文化、伦理本位等特征，使其呈现出不同于世界其他文明的独特气质。

在交流日益便捷，文明高度发达的当代世界，文明互鉴、求同存异、合作共赢成为宝贵的能力，是铸就人类命运、人类文明共同体的青天大道。所有这些，早已沉淀为中华文明的底色，融入中华民族的血脉深处，造就了我们民族的根与魂。

三、黄河：中华民族的根与魂

黄河流淌出中华文明最初的身形与气象。数千年来，正是在黄河这个巨大的时空场域之中，文明发展、观念演进、分合治乱、民族融合，波澜壮阔的历史运动造就了不断成熟的文明体，也孕育出伟大的民族精神。

民族精神深深植根于中华民族5000多年的文化积累和历史沉淀，是中华民族赖以生存与发展的精神支撑，是中华民族之所以熔铸一体的根与魂。中华民族精神是以爱国主义为核心的团结统一、爱好和平、勤劳勇敢、自强不息的伟大民族精神。

以爱国主义为核心的团结统一精神，源于黄河先民们生于斯、长于斯的空间观念。先民们所理解的世界是一个阴阳相生、循环演化、生生不息、休戚与共的整体。《周易·系辞上》云："一阴一阳之谓道。"正是在这种整体的、阴阳的宇宙观念下，所谓"四方之中"的重要性才被凸显出来。中原地处北纬30度至40度之间，其常见的天象之一便是北斗星围绕北极星旋转。上古流传下来的河图、洛书，被认为是阴阳五行术数之源，其结构同样标示了中心与四方的关系。

先民们仰观天象，获取启示，意欲在大地上建立一种与之相应的、四方环绕中央的社会结构。地之"中"与四方的距离相等，居中之位自是从事社会管理的最优选择。正如《吕氏春秋·审分览·慎势》所言："古之王者，择天下之中而立国，择国之中而立宫，择宫之中而立庙"，体现了"择中建都"的思想和对"中"的至高推崇。

黄河流域的中游便是"中"的具体所在，周人将嵩山称作"天室"，认定中原为"天下之中"。陕西宝鸡出土的西周青铜器"何尊"，刻有铭文"宅兹中国"，这是目前出土的关于"中国"的最早文字记载。所谓"宅兹中国",意为在"中国"——洛阳及其周边地区营造都城。正是由于居"天下之中",中原文化得以不断吸纳周边文化,与四周互动融合,推动了中华民族多元一体格局的形成,中华民族的向心力与凝聚力也由此生成。

《诗经·小雅·北山》曰:"溥天之下,莫非王土;率土之滨,莫非王臣。"中心化的空间秩序,从根本上形塑了中华民族的心理秩序,塑造了中国人的天下观念。"天下"不仅是地理概念,更是地理、心理与社会制度三者合一的空间概念。而且,"中"不仅是空间意义上的中心,更是文化意义上的正统。每逢分裂、乱世之际,各代君王无不以"逐鹿中原"为根本路径,以实现大一统为最终功业。即便是入主中原的少数民族政权,也必须占据"中"这个文化制高点,持守中华文明的正统。纵观中华民族分合治乱的历史逻辑,分裂时期是通向中华民族大一统的阶段性过程,而团结、统一、和合才是主流的、支配性的文化线索与价值取向。

中华民族的大一统格局、团结统一的民族精神,随着时间演进与朝代更迭而不断得以巩固升级。自春秋战国诸侯割据、百家争鸣之后,秦汉时期完成统一大业。魏晋南北朝时间虽然较短,却促成了中华大地的民族大融合、文化大融合。隋唐乃至元明清时期,在大一统格局下对各种不同的文化、族群,特别是对游牧民族呈现出开放、包容的姿态，积累了多民族共同发展的宝贵历史经验。近代以来，面对西方列强入侵的千年未有之大变局，中华民族团结一致、共御外侮、奋起反抗，激发出前所未有的强大凝聚力与向心力。

在团结统一的历史主旋律下，家国同构的思维方式、爱国主义的精神情怀，都在黄河流域孕育而生。从黄帝起，历经颛顼、帝喾、尧、舜五代圣王，通过修德振兵，逐渐巩固了在黄河流域"和合万国"的大一统地位。此乃"国"之逐渐形成。据传，在"国"的内部，颛顼是黄帝的孙子，帝喾是黄帝的重孙，尧、舜也是黄帝的后裔，由此构筑了五帝乃一系之血脉的历史图景，乃至于夏、商、周、秦也可以归入黄帝血脉。

发源于黄河流域的周代封建和宗法制度，逐渐培育出独特持久的血亲宗法社会，也孕化出中国人在处理自我和他者、个体与集体关系时的群己关怀、伦理秩序。商代以前，社会组织形态以亲族为共同体特征；西周统一中原，封建诸侯，以藩屏周，其分封制度即是以皇族血亲为基础不断延伸、扩展的伦理秩序。家是小国，国是大家，家以人为本，国以家为本，一切更广泛的社会秩序都是基于家庭秩序的向外拓展。

中国人的集体是一个由家庭扩大而成的类亲缘共同体。在这种基于差序格局的群己关系中，己与群并非对立关系，而是统一关系，己依群存、相依为命。个人在群体之中生存，面对个人利益与群体利益的选择关头，则要突出集体人格、大局观念，并由此发展出"天下为公"的理念。公是超出个人的利益和价值：个人是私，家庭、家族是公；家庭、家族是私，国家和社会是公。正是在集体主义观念的浸润下，中国人尊崇推己及人的原则，发展出"己欲立而立人，己欲达而达人"（《论语·雍也》）的思想，利己与利人互为因果、彼此转化、辩证统一。

这种家国同构的思想，承载着中国人心中的家园意识和同胞意识，即使身处异国他乡，血脉情谊也无法割舍。正如《论语·颜渊》中所说的"四海之内皆兄弟"，同胞之情犹如血亲，家园始终是中华儿女魂牵梦绕的故乡，永远是海外游子的心灵安顿之所。尤其当近代面对西方现代文明冲击并遭受屈辱之际，这片家园又成为中华儿女走向现代文明的起点和动力。历经5000多年的兴衰更迭、风流云散，贯穿中国历史的大逻辑是多民族国家追求团结统一的向心力。

除了以爱国主义为核心的团结统一精神，中华民族精神的另一个重要内容是勤劳勇敢，这与黄河流域的农耕生产与生活方式分不开。黄河流域是中国最早且最为典型的农耕生产区域。这里的农业生产以长周期生产为特征，一年一熟，遵守着春种、夏长、秋收、冬藏的时令规律，因此必须持续地、勤勉地投入劳动。一分耕耘，一分收获，精耕细作，才有可能获取最基本的生存物资。"艰难困苦，玉汝于成"（《西铭》），"忧劳可以兴国，逸豫可以亡身"（《伶官传序》），这正是中国人民发自内心对于勤劳的赞颂、对于安逸的警惕，并以此作为对自己的勉励。

在靠天吃饭的年代里，一旦遇到自然灾害或人为灾害，每每劳而无获。这样的生产、生存条件，培养了黄河流域先民们的耐心与韧性，同时他们也必须养成勤俭节约的生活习惯。"谁知盘中餐，粒粒皆辛苦"（《悯农》），中国人往往将勤劳与节俭联系在一起，感恩土地的馈赠，珍惜一餐一食，以节俭、节流的方式来谋划未来。中国人的勤劳品性正是在长期的自然驯化与平衡人地矛盾之间逐渐养成和塑造的。

千百年来，中国人与这片广袤黄土长相厮守，安贫乐道、任劳任怨。他们对土地充满了深情，感恩天地的馈赠，在与天地万物的相处中发展出天人合一的农耕智慧，形成了一种朴实乐观、忠厚安分、顺天应人的民风，在有限的条件下奋力追求美好生活。他们有着一份"日出而作，日入而息。凿井而饮，耕田而食。帝力于我何有哉"（《击壤歌》）的悠然自得，也满怀着耕读传家的生活理想。同时，中华民族的农耕传统也体现在重农抑商的价值取向上，从精英文化到民间文化，农为国之本的观念都深入人心。以黄河流域为基点，中国的农耕文明发育得极为成熟完善。

基于有限的资源而培养起来的韧性和刚毅，形成了中华民族内敛勇敢的民族特性。黄河流域的先民性格内敛温和，他们表现出一种"老实人的血性"，以忍让、容受为先，不主动惹事或进攻，知雄守雌、先礼后兵。在日常行为中，以礼仪之邦为标尺，注重谦谦君子的人格养成。但他们的退让并非没有底线，一旦底线被突破，也会后发制人，"君子不忧不惧"（《论语·颜渊》），"好谋而成"（《论语·述而》）。尤其是在与游牧民族的交融互动中，更增添了开疆辟土、包纳四方的勇者之心。需要特别强调的是，中国人的勇敢，不是匹夫之勇，更不是侵略之勇，而是血气之勇与义理之勇的结合。

商鞅变法后，秦人勇于公战，怯于私斗；《孟子》中所褒扬的"舍生取义"，皆说明中国人的"勇"往往与"义"相连。中国人的"勇"往往表现在面对道义与原则时，毫不退缩，明辨是非，追求义理。理想的人格境界是有理直气壮之势，养一身浩然之气，生理智无畏之勇。

这也就决定了中华民族精神的又一重要内容是爱好和平。黄河为中华民族注入了内敛友善的心灵底色。中华民族多元一体格局的形成过程，既是历时的，也是共时的。中华文明出场、演化、发展的空间地理格局的一体性，生产生活方式的多元多样性，特别是农耕与游牧两种文明相生相激、角逐竞合，犹如历史的碾盘和巨锤，濡养和铸造了中华文明和中华民族多元一体、开放包容的共同体意识。

中华民族的大一统格局与中央集权的治理体系，主要来自黄河流域早期王朝的孕育萌芽并经由秦汉两代奠定根基，这种治理体系的形成受到黄河流域地理地貌和自然条件的深刻影响。建基于黄土高原的西周，以封建的方式制定了一种合乎当时农业发展形态的治理模式，又以宗法制度保障其封建统治趋于稳固。秦灭六国，废除封建制，建立中央集权和郡县制度。这种中央集权的治理体系，对于人口众多、幅员辽阔的大文明体而言，具有内在的、制度上的合理性与先进性。总之，中华民族对外充满包容性，对内则形成了精细的制度设计与治理方式，因而带来了对外的非破坏性与对内的稳定性，为中华民族爱好和平的基因奠定了制度性的基础。

黄河流域的先民们在农耕生活中安土重迁，养成了防御性而非扩张性的人格特质。黄河流域的农耕生活方式，有很强的内倾性,"父母在,不远游,游必有方"(《论语·里仁》),不主动扩张,不远征,注重稳定性、保守性,这与逐水草而居的游牧文明和窥测广博大海的商业文明的外向性、进攻性和冒险性,在文明特质上有显著的不同。中华民族的辽阔疆域,并非主观意愿上的扩张行为所得,往往是在外来压力之下绝地反击的结果,初心与旨归不外乎保护自身的生存与安全。在农耕生活中与自然相处的智慧,也是孕育中华民族和合思想的丰厚源泉。先民们在这片土地上耕耘,根据自然时节、气候变化来安排自己的生活,他们对于土地、自然的态度从来都是呵护、哺育、浇灌,不是促逼、压榨、征服。他们视自然万物为有情的生命,对于自然不是以主客二分态度看待,而是将人置于自然万物之中,化生万物,彼此交融,追求温润如玉的人格境界。中医学的阴阳调和观念,"内外调和,邪不能害""阴阳离决,精气乃绝"(《黄帝内经·素问》),强调人的身体是一个整体,不仅仅是器官的机械组合。人体健康的前提是身体内部的气血平衡以及人与自然的协调。这样的自然观、生命观使得中国人养成了追求和谐、呵护他者、友善相处的性格特征,从根本上决定了其具有爱好和平的民族气质。

黄河流域孕育了中国人追求天地人和谐共处的和合思想。黄河流域先民在最早的星象观测、农耕生产中敬天法地、敬畏天命,经三代之治、三朝更迭、春秋诸子争鸣以及后来的儒释道交流融合，形成了中国人基于人与自然、人与人、人与内心的关系逻辑的和合思想。"和谐"往往用来表达人与自然的状态，"和睦"用来表达人与人的状态，"平和"用来表达人的内心状态。中国人追求通过内在超越化解冲突：道家思想中蕴含着人与自然和谐相处的智慧；儒家的"仁者爱人""己所不欲勿施于人"的思想中，蕴含着人与人的和谐共处之道；佛家的"性空""轮回"思想中蕴藏着内心的和谐、安宁。《国语·郑语》云："和实生物，同则不继。"《论语·学而》曰："礼之用，和为贵。"求同存异、以和为贵、和谐统一的和合思想是中华文化思想的普遍理想，塑造了我们的思维方式和价值取向。

黄河流域的历代王朝践行以和为贵、协和外邦的外交之道。在黄河流域兴起和壮大的中原王朝，往往在对外交往中，践行礼仪之邦的原则和承诺，实行靠典章文化的先进性来以理服人、以文化人，不求穷兵黩武，不依靠军事征服他者。即使是在国力强大的时期，也坚持"以武止戈"，使用武力的目的不是对外扩张，而是谋求一种和平共处的方式。墨子创立墨家学说，带领墨家学团奔赴各地游说，制止战争，宣扬"兼爱""非攻"思想；《孙子兵法》中，"不战而屈人之兵"是其思想内核，强调攻心为上、以礼服人；源于公元前3世纪的以中原王朝为核心的朝贡体系，强调"厚往薄来"，不依靠拳头征服；中原王朝与少数民族王朝之间的和亲制度，通过财务交换和结亲联盟，以和为贵，以和为上，推行感化政策。总之，中华民族一直以来坚持在分合之中取"合"，在治乱之中取"治"，反对争强好胜，期望通过治世实现盛世，避免乱世，以谦虚的心态化解矛盾冲突，达致求同存异。因此，中华文明的发展是一种聚变式而非裂变式的反应过程，并逐渐培育出中华民族注重内省、内敛防御、和平友善、协和万邦的文化气质。

和平与发展才是当今时代的主题。习近平总书记站在谋求人类文明可持续发展的战略高度，提出人类命运共同体、人类文明交流与互鉴的主张，以开放包容的姿态协和万邦，这是新时代对中华民族爱好和平的民族精神的传承发展与当代诠释。

自强不息的民族精神也与黄河的养育密不可分。黄河的和缓温驯犹如慈母的臂弯怀抱，黄河的不羁冲决则如同严父的训导呵斥，慈母严父共同培育出黄河两岸儿女自强不息、坚韧不拔的精神特质。

上古时代，先民们在天地万物、日月星辰、江河四季的运行中体悟生生不息的变化之道。精卫填海、女娲补天、夸父逐日，先民们正是借由这些神话故事，萌生出对世界的最初想象。这些神话故事中蕴藏着中国先民不屈服于外在环境，不屈服于命运的意识。"天行健，君子以自强不息""地势坤，君子以厚德载物"（《周易·上经》），正是在这种民族精神的支撑下，中华儿女在机遇面前只争朝夕，在挫折面前奋斗不息，在命运面前坚毅抗争。

黄河孕育了中华民族居安思危、未雨绸缪的忧患意识。作为中华民族文化源头之一的《周易》，是黄河流域上古先祖仰观俯察、知应变化而生成的"群经之首"。它在动乱不堪、民不聊生的殷周之际得以成书，其中《系辞》部分有云："危者，安其位者也；亡者，保其存者也；乱者，有其治者也。是故君子安而不忘危，存而不忘亡，治而不忘乱，是以身安而国家可保也。"其中讲述的正是"居安思危""因穷而通"的忧患意识。黄河流域的农耕生活是先民们必须按照周期运转合理分配时间的一种生活方式，如若错失耕耘时节，就将颗粒无收，食不果腹。因此，必须按照时令节气合理安排每个环节，这种生活节奏，培育了先民们的耐心与韧劲，养成了生活的目标性与计划性，也带来了强烈的忧患意识。

《黄帝内经·素问·四气调神大论》云："圣人不治已病治未病，不治已乱治未乱。"《孟子·告天下》中也认为："生于忧患，而死于安乐也。"中国人往往把困难想在前面，防患于未然，不仅

黄河文化论纲　053

忧自身、忧群体,更忧社稷、忧天下。范仲淹在《岳阳楼记》中慨然长叹:"先天下之忧而忧,后天下之乐而乐。"林则徐受谪贬后风骨依然:"苟利国家生死以,岂因祸福避趋之。"中华民族的忧患意识得到不断的传承与发展,成为中华民族爱国主义民族精神的传神写照。

黄河锻造了中华儿女直面苦难、不屈不挠的坚韧意志。黄河的历史也是一部中华民族的灾难史。黄河水患,同样塑造了中华民族防范在先、治不忘乱的忧患意识。在上古时代,治理黄河是治理者的头等大事。舜命大禹治水,大禹因势利导、改堵为疏,胼手胝足,三过家门而不入。历史上黄河屡屡泛滥成灾,《孟子》一书提到黄河流域发生的饥荒达17次之多。[①] 面对一次次灾难,人们并没有失去生活的勇气,而是不断与水患展开斗争,培养出中华民族直面苦难、生生不息的顽强耐力。

黄河锤炼了中华儿女不畏命运、敢于斗争的抗争精神。中华民族的历史演进绝非一帆风顺,而是不断遭受外族入侵、内部动乱,虽屡遭磨难却越挫越勇。中华民族一次次经历外族的侵扰,

---

[①] 参见黄仁宇《中国大历史》,生活·读书·新知三联书店2007年版,第26页。

最终用强大的文化同化力延续了中华民族的传统和血脉。特别是近代以来，中华民族面临亡国灭种危机之时，同样是以强大的韧性逐渐从低谷中走出，重新站立起来，迎来中华民族伟大复兴的曙光。

大浪淘沙，历史最终选择了中国共产党人。中国共产党人带领各族人民开展了艰苦卓绝的斗争，历经千难万险的万里长征，将黄河岸边的延安建设成为决定中国命运的革命圣地，为古老的黄河文化注入了强大的时代基因，继续谱写新的伟大史诗。

四、黄河：中华民族的伟大史诗

黄河流过千山万水，流过五千多年历史时光。在这不息的奔流中，它见证了历史的悲剧喜剧，也见证了朝代的更迭；见证了物阜民丰，也见证了流离失所；见证了中华儿女的光荣与梦想，也见证了他们所经历的苦难艰辛。然而，它却从未想过有一个时期，会像近代以来那样，中华儿女遭遇那么沉重的失败，那么深重的苦难，那么悲惨的命运。落后就要挨打。近代以来，中华民族前进的历史巨轮不仅遭遇残暴的帝国主义的阻力，遭遇腐败的封建主义的阻力，遭遇贪婪的官僚资本主义的阻力，还遭遇了它们纠结在一起所产生的更加野蛮、反动、疯狂的阻力。

随着资本主义在欧洲的产生、在世界范围的扩张,中国被卷入铁血竞逐的世界潮流中,被裹挟进帝国主义的硝烟炮火中。自1840年英帝国轰开中国大门开始,半个多世纪以来,几乎所有资本主义、帝国主义国家都参与了对中国的掠夺。在他们的武力胁迫下,中国的政治、经济、文化主权一步步沦陷,一头跌入半封建半殖民地的黑暗渊薮。在这沉沦中,黄河——中华民族的母亲河,成了哀伤的河、悲泣的河。

历史是残酷的,但又是公平的。在辩证唯物主义的视野中,巨大的磨难往往也意味着意义深远的警醒与砥砺,最终以历史的阔步前进为补偿。在帝国主义、封建主义、官僚资本主义三座大山的重压下,中国陷入无边的黑暗,但这也是中华民族优秀儿女上下求索、开创新路的历史时期。诚如马克思所言:"鸦片没有起催眠作用,反而起了惊醒作用。"[①]从鸦片战争开始,中国人民为反抗内外压制和变革中国,进行了长期英勇顽强的斗争,仅自1841年至1849年的9年间,就爆发了110多次农民起义,汇成一股惊

[①] [德]马克思:《中国纪事》,载中共中央马克思恩格斯列宁斯大林著作编译局编译《马克思恩格斯全集》第十五卷,人民出版社2016年版,第545页。

心动魄的革命潮流。①意义更为深远的是，随着民族资本主义的萌芽与发展，在近代中国出现了两个新的阶级——资产阶级和无产阶级，他们为中国的社会运动赋予了崭新内涵。首先登上历史舞台的是民族资产阶级。以孙中山为领导的资产阶级革命派发动的辛亥革命，不仅推翻了清王朝的封建统治，宣告统治了中国几千年的封建专制制度的灭亡，而且在中国大地上树立起民主共和的大旗，使民主共和思想天下流传。但由于资产阶级的软弱性和政治上的不成熟，也由于反动势力的力量异常强大，辛亥革命的胜利果实很快就被北洋军阀窃取，辛亥革命给长夜漫漫的中国带来的光明也转瞬即逝。

辛亥革命的失败，给中国的先进分子带来极大的痛苦，使其中的一部分人陷入苦闷彷徨，但也促使更多的人痛定思痛，呐喊求索。新文化运动就是在这样的历史背景下发生的，其倡导者以文学革命为突破口，高举民主、科学大旗，高扬立人哲学，对旧文化、旧礼教进行了扫荡式的批判，为进步思想传入中国开辟了

---

① 参见中共中央党史研究室《中国共产党历史 第一卷（1921—1949）》（上册），中共党史出版社2011年版，第11页。

空间。特别关键的是，五四运动中，马克思主义传入中国。五四运动以其反帝反封建的革命彻底性、追求救国救民真理的进步性、各阶层民众积极参与的代表性，使中国的革命斗争超越旧民主主义阶段，进入新民主主义阶段。

这一切都表明，经历了近代以来中国社会剧变的磨砺，经历了反帝反封建斗争的锤炼，经历了马克思列宁主义同中国工人运动结合的实践检验，成立中国共产党已成为中国社会发展的必然要求，也成为最热切的时代呼声。1921年7月23日，中国共产党第一次全国代表大会在上海召开，7月30日转到浙江嘉兴南湖的一只游船上举行，大会正式宣告中国共产党成立。一个以马克思主义为指导、勇担民族复兴历史大任、必将带领中国人民创造人间奇迹的马克思主义政党——中国共产党应运而生，黄河母亲即将迎来和拥抱她最优秀的儿女，中国历史就要进入开天辟地的新阶段。

中国共产党第一次全国代表大会召开时，共有13名代表，代表着各地的50多名共产党员。毋庸讳言，这是一个很小的组织，而且由于当时党的活动处于秘密状态，这次大会几乎没有引起什么反响。然而，就是这次大会使死水微澜的中国开始活跃、跳荡、奔腾起来。因为中国共产党一成立，就明确将马克思主义写到自己的旗帜上，中国反帝反封建的革命事业由此有了科学的理论指导，有了明确的前进方向，并与世界进步潮流齐头并进。因为中国共产党一成立，就树立了共产主义的最高理想和社会革命的根本目标，亮出了自己的初心使命，成为中国社会前进方向的代表。因为中国共产党一成立，就下定决心深入底层，到占中国人口绝大多数的劳苦大众中去，中国反帝反封建的革命运动获得了广泛的代表性和源源不断的动力。因为中国共产党一成立，就按照马克思列宁主义的建党原则，用共同的理想、严明的纪律、严密的组织把自己建设成为中国革命的先锋队，灾难深重的中国有了可以信赖的组织者和领导者，近代以来一盘散沙的中国社会终于找到了期盼已久的向心力、凝聚力。正所谓"其作始也简，其将毕也必巨"（《庄子·内篇·人世间》），中国共产党的成立，恰如黄河之水，自其源头看，不过涓涓细流；但由于居于历史高峰，蓄积着无比强大的势能，因而自其萌发，就显示出"黄河之水天上来，奔流到海不复回"的远大前途。

中国共产党成立后，以前所未有的深度和广度唤醒了中国人的民族意识，使民族自觉达到空前高度，实现了中华民族的涅槃。在千年未有之大变局、大危机中，中华民族共同体意识加倍熔炼、升华与结晶。在这一过程中，中国社会各阶层的先进分子都作出了自己独特的贡献，但只有当中国共产党把马克思主义的民族观引入中国，并以之为指南处理民族问题后，才真正打破、消解了各民族间沉积千年的阻隔，融通万民，将中华民族熔铸为一个强大的命运共同体。在万里长征中，红军就已经将民族平等、团结的种子播撒在革命的征途中；在抗日战争中，中国共产党团结御侮的正确主张进一步激发了中国人民的民族自觉意识；中华人民共和国成立后，中国共产党更是将民族区域自治作为一项基本政治制度确立下来，牢固地树立起中华民族共同体意识，使中国各民族像石榴籽那样紧紧抱在一起。在中华民族共同体意识形成过程中，作为中华民族先民繁衍生息之地的黄河流域发挥了不可替代的作用，黄河文化犹如一条无声的大河，在悄然却绵长有力的涌流中，贯通了中华儿女的血脉。

中国共产党成立后，以前所未有的远大眼光观察历史与现实，重新发现中国、激活中国，为中国发展找到了空前宽广的战略空间，为扭转近代以来连续沉降的历史轨迹开发出无尽的上升势能。在近现代中国历史上，平静、内向、保守、贫瘠的北方与开放、活跃、进取、富庶的南方形成鲜明对比。南方往往是各种政治力量的首选之地，孙中山领导的国民党就以南方为中心发动国民革命；蒋介石更是以江浙财阀为支撑，建立起南京国民政府。可以说，近代以来，广袤的中国北部一直处于漫长的沉潜期。中国共产党的成立，打破了历史的沉寂。第二次国内革命战争时期，毛泽东就从国际国内形势出发，确立了武装革命，以及在国民党统治力量比较薄弱的边缘、区域建立根据地的思想。在长征中，中国共产党领导红军纵横捭阖，从南方到北方，像一条红飘带一样把广袤的中国串联起来，最后在黄河上游的陕北高原扎根，建立了中国革命、民族精神和先进文化的高地，吸引着中国和世界的目光。无数进步青年突破国民党的重重封锁，跋山涉水，来到这里追求光明，燃烧生命，这片贫瘠、沉寂、压抑的土地，这条凝滞、沉重、呜咽的大河，迎来新生，焕发出前所未有的璀璨光华。中国革命主场的转换，使得中国的革命和思想文化在一个更广大、更完整的时空中展开。

中国共产党成立后，团结和带领中国人民胜利完成从"站起来"到"富起来"的历史使命；现在，又团结和带领中国人民向着实现中华民族伟大复兴的目标前进。像黄河和黄河文化那样，一往无前，独立自主，走自己的路，中国共产党不忘本来、吸收外来、面向未来，在中国革命和建设时期、在改革开放的社会主义现代化浪潮中，走出了一条具有中国特色的革命、建设和社会主义现代化之路。

伟大的实践创造伟大的文化，伟大的文化催生伟大的实践。中国共产党在领导中国人民进行社会主义革命、建设以及改革开放时，不仅全力改造物质世界，而且倾心改造精神世界；不仅推动中华优秀传统文化创造性转化、创新性发展，而且在社会主义革命和建设中创造了辉煌的革命文化和社会主义先进文化，滋育中国心、塑造民族魂。中国共产党在成立之初，就致力于革命文化的创生。在铁血革命中，更是以"我以我血荐轩辕"的豪情，萃取革命精神，汇聚革命文脉。在经历了长征这场人类历史上旷古未有的军事远征和精神远行，扼住命运的咽喉，立足陕北的高天厚土后，随着毛泽东思想走向成熟，党的建设、军队建设、社会建设都达到新高度，革命文化更是蔚为大观，臻于化境。

《毛泽东选集》四卷共收录159篇文章，有90多篇写于延安的窑洞中，占总数的近58%。毛泽东之所以将执笔著述作为这一时期的核心工作，不仅因为他和全党正面对抗日战争全面爆发的新局势、新任务，更因为他下定决心要总结中国共产党自成立以来的经验教训，探索中国革命的正道。正是在这双重动力下，毛泽东殚精竭虑，以如椽之笔写下了中国革命史上最辉煌的系列篇章。在这一时期，他写下了《论反对日本帝国主义的策略》《中国革命战争的战略问题》《论持久战》等军事著作，分析战争规律，揭橥革命战略,为民族民主革命擘画蓝图。在这一时期,他写下了《中国共产党在民族战争中的地位》《统一战线中的独立自主问题》等剖析天下大势的理论杰作,阐明了统一战线思想,为民族民主革命引路导航。在这一时期,他写下了《五四运动》《〈共产党人〉发刊词》《在延安文艺座谈会上的讲话》等思想文化名篇,指明革命文艺前途和青年运动方向,激发出了革命文艺的高潮。在这一时期,他写下了《新民主主义论》《论联合政府》等系统阐述新民主主义政治、经济、文化的集大成之作,规划革命道路,指引革命航船。在这一时期,他写下了《纪念白求恩》《为人民服务》《愚公移山》等悼人纪事的有情之文,生动传达了共产党人的初心使命,展露了共产党人的襟怀抱负。在这一时期,他写下了《改造我们的学习》《整顿党的作风》《反对党八股》等整风文献,改造了党风、文风、学风,使我们党风清气正,蓬勃向上。在这一时期,他还写下了马克思主义中国化的哲学名篇《矛盾论》《实践论》,抓住"方法论"这个牛鼻子,从根本上解决了中国革命的道路难题。

在这些经典文献指引下,延安和各根据地的革命实践欣欣向荣、别开生面。经过延安整风,全党确立了实事求是的辩证唯物主义思想路线,使干部在思想上获得提高,使全党实现空前的团结，为革命胜利奠定了坚实的组织基础。经过延安文艺座谈会，文艺为工农兵服务、为政治服务的观念深入人心，文艺工作者自觉深入生活，创作出一大批优秀作品，使文艺成为战胜敌人的必不可少的"武器"。经过"大生产运动"，不仅达到了自己动手、丰衣足食的目的，缓解了军民供需的重大矛盾，打破了国民党顽固派封锁和扼杀中国共产党革命力量的企图，而且弘扬了中华民族自力更生、艰苦奋斗的传统……在这些实践中，革命文化集束式爆发，产生了抗大精神、白求恩精神、南泥湾精神、张思德精神、劳模精神等，汇聚成光照千秋的延安精神。

在延安精神的照耀下，中国道路展现出来，中国命运豁然开朗。难怪黄炎培等民主人士在延安看到了跳出"其兴也勃焉，其亡也忽焉"（《左传·庄公十一年》）的历史周期律的希望；难怪南洋华侨领袖陈嘉庚在延安之行后禁不住感慨万千，发出"中国的希望在延安"的肺腑之言；难怪毛泽东在重庆谈判期间，不无自豪地写下了"重庆有官皆墨吏，延安无土不黄金"（《七律·重庆谈判》）的诗词金句；难怪"解放区的天是晴朗的天"成为一时名唱。正是在这个意义上，我们说陕北的山沟里孕育出了中国的马克思主义，延安土窑洞里的灯光照亮了中国革命的前程；也正是在这个意义上，我们说中国革命为殖民地半殖民地人民的解放运动提供了典范案例。

历史是有深意的。恰恰是在九曲黄河突破关山桎梏、一跃千里的延安，毛泽东思想走向成熟，中国革命文化创造了自己的高峰。可以说，正是由于延安精神的形成，中国的革命精神和革命文化方能以谱系的方式存在；中国的革命精神和革命文化也才如黄河一样，上下贯通，奔涌不已，吐故纳新，开创新境。也恰恰是由于革命精神、革命文化的谱系性存在，特别是其灿烂辉煌、生生不已的成果，赋予了黄河文化新的品格、新的精神、新的生命。黄河流域文脉深厚，孕育了一系列特色鲜明的地域文化，是中华文明之源、民族图腾象征。又经由延安精神交接、融贯，红船精神、井冈山精神、长征精神汇入黄河文化的巨流，壮大、涤荡、升华了黄河文化，使黄河文化成为人民文化、社会主义文化的鲜明表征。而且，随着社会主义革命、建设次第展开，升华了的黄河文化，成为人民文化、社会主义文化的鲜明表征。而且，随着社会主义革命、建设次第展开，升华了的黄河文化，还在持续催生革命文化、先进文化，使之在中国大地绚烂绽放。在黄河中游的河南兰考，"县委书记的好榜样"焦裕禄用自己的实践阐释了全心全意为人民服务的真谛，用生命书写了"焦裕禄精神"。在黄河下游的山东，一代代沂蒙人通过不懈的努力，在党的精神谱系中，写下了"沂蒙精神"的新篇章。

革命文化是在中华民族救亡图存、苦难而辉煌的历程中诞生的，它不仅具有独特的精神内涵，而且具有独特的美学底色。刚健是其重要的美学风格，这种风格在社会主义文艺中表现得淋漓尽致。自中国共产党立足延安，开创中国革命新境后，革命文艺井喷般涌现，杰作也是屡见不鲜，其代表首推《黄河大合唱》。历史上吟咏黄河的文艺作品成百上千，名篇众多，但由于《黄河大合唱》吸纳、提升了历代中华儿女追求独立、民主、自由、富强的心声与意志，因而展现出了千古未见之刚健风骨与阔大气象，独领风骚。这样的歌声，让我们感受到的不再是哀怨、空旷，不再是悠远、悲凉，而是奋发振作和斗争崛起。我们感受到的，仿佛不再是奔涌滞重的黄河水，而是滚滚而来的钢筋铁骨，一切阻挡它前进的障碍，都必将被冲为齑粉，裹挟而去。每个人都仿佛变成其中的一朵浪花，与整体紧抱在一起，为了共同的命运、共同的未来，向前向前。这种文化又是质朴的。在艰苦的革命进程中，在星星之火可以燎原的井冈山，在穿越无数民族地区的二万五千里长征中，在黄土高原建设边区政府、发展革命根据地时，在与各民族人民交流交往中，中国共产党一定发现了蕴藏于人民大众中的朴素主义精神，一定为这种朴素主义精神所吸引，一定意识到了这种精神的宝贵，兼收并蓄，创造了一种现代新文化。大概这也是毛泽东不赞成笼统地说城市进步、农村落后的原因，这也是他要文艺工作者深入生活、转变情感的原因；是他看了延安平剧研究院创作演出的《逼上梁山》后，在给主要创作者的信中表扬他们做了很好的工作、把被统治阶级颠倒了的历史重新颠倒过来的原因。

正是由于这种新创，社会主义文艺的面貌才焕然一新，不仅历史上不被重视的木刻、民谣、秧歌等朴素的文艺形式成了文艺的重要组成部分，而且释放出了巨大的艺术能量，令人很难相信。那些震撼灵魂的作品竟然只有这么朴素的形式，竟然是用如此简单质朴的方法创作出来的！更重要的是，经由这种形式革新，创造历史却又被历史屏蔽了的劳动人民终于走上舞台，成为主角。正是由于这种新创，使得接触这种新文艺的人，一下子就被其所吸引，使得中国共产党天下归心。乔羽作词的歌曲《一条大河》可谓其中的代表作，这首歌没有华词丽句，没有奇技异巧，但就是这首平实质朴的歌，这些家常话般的唱词，却打动了无数听众，使他们想起祖国的辽阔土地、明媚风光，想起家乡的美丽富饶、淳朴风情，想起祖国健美的男子、俊秀的女儿，想起了黄河长江这些滚滚巨流和家乡的小桥流水。

这种新文化是传统黄河精神的现代升华。质朴而雄浑的黄河文化精神以大气磅礴的汉唐意象为代表，不同于南宋以来形成于江南，以婉约、细腻、幽雅见长的文人文化。中国共产党人正是黄河文化的现代继承和发扬者。这先进的文化必然激励我们拥抱未来，走向远方。

文艺是历史的缩影。历史上，以黄河区域为中线，以万里长城和丝绸之路为两翼，形成了中国古典文艺史中在主题、题材、形式、质量和影响力等方面，最早、最多、最大、持续时间最长，也最为辉煌的作品富集区。黄河就是一部打开的书，上面书写了中国古典文艺最为华美深刻的不朽篇章。在其中，我们看到了中华民族交往融合的大历史，也看到了这一过程中人民的苦乐悲欢。自近代以来，随着民族国家意识的觉醒，随着中华民族命运共同体的构建，以黄河为对象、为象征，中国的文艺达到了一个空前的高峰。在历史温度最高、精神结晶最美的"第一现场"，一批史诗之作喷薄而出；在这样的歌唱和书写中，一个崭新的现代中国正脱颖而出，一条人间正道正徐徐展开。

沿着这条道路，中国共产党领导各族人民取得了中国革命的胜利；沿着这条道路，中国共产党领导各族人民取得了社会主义建设和改革开放的胜利。在所有这些时刻，以文艺为载体，黄河文化都发出了最为澎湃的声音，成为凝聚民族共识、传达人民心声最强有力的存在。

进入新时代，也应同样如此。在党的十九大报告中，习近平总书记指出"中国特色社会主义进入新时代，意味着近代以来久经磨难的中华民族迎来了从站起来、富起来到强起来的伟大飞跃，迎来了实现中华民族伟大复兴的光明前景"，然而，"中华民族伟大复兴，绝不是轻轻松松、敲锣打鼓就能实现的。全党必须准备付出更为艰巨、更为艰苦的努力"。[①] 这就是说，中华民族到了又一个转型升级的关键时刻。

习近平总书记在黄河流域生态保护和高质量发展座谈会上指出："黄河流域在我国经济社会发展和生态安全方面具有十分重要的地位。""在我国5000多年文明史上，黄河流域有3000多年是全国政治、经济、文化中心。""九曲黄河，奔腾向前，以百折不挠的磅礴气势塑造了中华民族自强不息的民族品格，是中华民族坚定文化自信的重要根基。"[②] 这告诉我们，中华民族伟大复兴离

---

① 习近平：《决胜全面建成小康社会，夺取新时代中国特色社会主义伟大胜利》，载《习近平谈治国理政》第三卷，外文出版社2020年版，第8、12页。
② 习近平：《在黄河流域生态保护和高质量发展座谈会上的讲话》，《求是》2019年第20期。

不开黄河流域的全面振兴，尤其离不开黄河文化的再次复兴，应该孕育出新时代的文艺"高峰"。因此，习近平总书记特意提到黄河文化，指出"黄河文化是中华文明的重要组成部分，是中华民族的根和魂"，鼓励广大作家、艺术家"要深入挖掘黄河文化蕴含的时代价值，讲好'黄河故事'，延续历史文脉，坚定文化自信，为实现中华民族伟大复兴的中国梦凝聚精神力量"[①]。这为作家、艺术家创作出无愧于伟大时代、伟大人民的优秀作品，讲好"中国故事""黄河故事"指明了方向，意义深远。

与以往相比，我们今天的时代生活，在一个更快、更大、更深、更复杂、更辽阔、更激动人心的维度上展开，要想从整体上认识理解它，用全部的心灵情感去体验它，用完美的艺术形式去表现它，是一个更加艰辛的过程。打造中华民族新史诗，更是一条从"高原"向"高峰"冲刺的艰难之路。历史上，以黄河为中心的区域，文化和文艺"高峰"最多。今天，所有想冲击文艺"高峰"的作家、艺术家，必须回望黄河，栏杆拍遍，站在前人的肩头，披沥俯察波澜壮阔的现实生活，才能捧出配得上中华民族伟大复兴这一历史进程的心血之作。

---

① 习近平：《在黄河流域生态保护和高质量发展座谈会上的讲话》，《求是》2019年第20期。

长城文化论纲

王玉玊　谷卿　刘先福

引 言

长城，作为人类文明史上的建筑奇迹，横亘在中国的北方，地跨 15 个省、自治区、直辖市，经历了自春秋时期以来 2000 余年的修筑，总长度达 21196.18 千米，自东向西贯穿了中原与大漠，连接着中国的东端与西部。

公元前 7 世纪，在诸侯割据的春秋时期，楚国为御敌而修筑的方城，是有历史记载的最早长城。[①] 方城由列城发展而来，一系列具有军事功能的小城依地势排开，或依天险，或以城墙连接，便成为长城最初的形态。春秋战国时期，各诸侯国纷纷修建长城，短者数百里，长者数千里，至秦始皇横扫六合，乃"使蒙恬将三十万众北逐戎狄，收河南，筑长城，因地形，用制险塞，起临洮，至辽东，延袤万余里"（《史记·蒙恬列传》），自此有了"万里长城"的说法。秦始皇修万里长城，西段修缮秦昭王时旧长城，东段、北段沿用燕、赵旧长城，再向东，直抵辽东，历时 9 年。与书同文、车同轨、统一度量衡一样，筑长城也是秦帝国为适应和巩固国家统一而采取的政治措施。自此以后，万里长城就成为中

[①] 参见罗哲文《长城》，北京出版社 1982 年版，第 10—12 页。

原地区历代政权统一与强盛的象征。

自汉至明，也包括北魏、北齐、辽、金、元等少数民族政权。几乎都留下了修筑、修缮、利用长城的历史记载，清代虽不再兴筑边墙，却并未停止对长城的修缮和使用。

明代特别重视北方防务，长城的修筑工程殊为浩大，技术水平也有了极大发展，前后历经200余年，完成了东起鸭绿江，西至嘉峪关，全长12700余里的长城修筑工程，并形成九边十三镇的防御格局。在绵延的边墙两边，是星罗棋布的军堡城池，烽火台与驿路两套通信系统连接着明朝的边疆与腹地，驻军、屯田、沿边商贸都极大促进了长城沿线地带的人口集聚与经济开发，明代九边重镇的所在地，如宁夏银川、山西大同等，至今仍是重要的中心城市。

长城的修筑技术在2000余年间不断发展进步。遵循"因地形，用制险塞"的原则，长城屹立处，往往是高山深谷、戈壁草原，中国古代劳动人民凭借他们的勤劳与智慧，因地制宜，克服重重困难，代代相继，共同创造出长城这样一个伟大的建筑奇观，在人类建筑史上留下浓墨重彩的一笔。不同时代、不同地域修筑长城，会采用不同的建筑材料与建筑工艺。春秋战国至秦代，长城墙体修筑往往采用夯土版筑工艺，在石料丰富的山地，工匠们也会将石片错缝叠压垒砌成墙，再在两面干垒石墙间填充石块或夯土，形成的墙体既坚固又耐侵蚀。汉代长城遗址中则可看到采用土坯砌墙的墙体。到了明代，越来越多的长城选择采用坚固的砖石材料修筑，这种转变与制砖技术的发展关系密切。砖砌的墙面内部填以夯土或石块，就形成包砖结构，这也是明代长城最典型的建筑结构。砖块质硬，结构稳定又便于搬运和垒砌，但烧制成本较高，即使在明代，高成本的通体包砖长城也不多见。九镇之中，这些建造精良的包砖长城往往出现在靠近京师的蓟镇等区域，比如今天河北省境内的金山岭长城，就是一段通体包砖长城。[1]

除了砖、石、土等常规材料外，不同地区的长城也会根据本地物产情况，选用不同的建筑材料和建筑工艺。辽宁省东部山区发现的木柞墙明长城遗址，便以当地盛产的柞木为主材修建而成；西北戈壁地区则会用芦苇、红柳、梭梭木等本地耐旱植物加固松散的沙土，形成芦苇、红柳、梭梭木夹沙长城。

长城的修建还常常借地势之险，或沿山崖陡峭处略加修整形成山险墙，或将缓坡挖成断壁形成劈山墙等。除山险外，江河水域亦能成为天然屏障，九门口长城便是建于水上的长城，集城、桥、关于一体，形成了"城在水上走，水在城中流"的雄奇景观。

---

[1] 参见罗哲文《长城》，北京出版社1982年版，第69—74页。

金代长城最初建于平缓的草原地带,难借天险,因而形成了由壕堑、壕墙等组成的界壕,是长城的一种特殊形态。

作为物质实体的长城不是一线孤立而绵延的墙,还包括骑跨在城墙上的敌台、用于传递军情的烽火台、作为边境出入口的关隘等组成部分,长城沿线内外还有驻军和住民的城堡、城障,许多关口也会建筑关城,甚至发展为边贸往来与文化交流的场所。关隘、敌台、烽燧、城堡相互呼应,联动成完整的军事工事和建筑群。多种复合的建筑单元构成了御敌系统、烽传系统和兵备系统,实现了进攻退守的纵深空间。[①] 明长城的空心敌台是抗倭名将戚继光的发明。《明史·戚继光传》提到戚继光曾"议建敌台":"请跨墙为台,睥睨四达。台高五丈,虚中为三层,台宿百人,铠仗糗粮具备。"戚继光还在《练兵实纪》中对敌台的修筑方式与使用方法进行了详细说明。仅蓟镇所辖长城便有空心敌台上千座,骑跨在城墙上的敌台有效消除了对敌时的射击死角,增强了长城的防御能力,在今天则成为长城上的标志性景观。

尽管长城在建造时更强调实用性,但仍旧形成了自身宏阔雄壮、质朴刚健的独特美学风格,无论是沿着山势曲折延伸的城墙,

---

① 参见汤羽扬主编《中国长城志·建筑》,江苏凤凰科学技术出版社2016年版,第1—28页。

还是错落有致、庄重挺拔的敌台，或者威严大气的关城城楼，都会让每一个目睹它的人，被它吞吐山河的气魄震撼。从细节处着眼，则无论敌台拱券门或穹顶上的雕花，还是形式各异的射孔，都能在粗豪中见细腻，体现出中国古代建筑雕刻艺术的独特韵味。

长城不仅是单纯的物质实体，还是一套不断演进的军事防御体系与政治管理方式，是农耕民族与游牧民族实现军事、经济、文化碰撞交流的界面与窗口。以长城为中心的独特文化带，见证并参与了中华民族多元一体格局的形成、发展过程。从人类文明史的角度看，长城诞生于亚欧大陆最强盛的农耕民族与最强盛的游牧民族交汇的地带，两种不同的生产生活方式既相互冲突又相互依存。在2000余年的漫长历史中，农耕文明为抵抗游牧文明的压力而不断修建长城，从某种意义上说，长城成为农耕民族与游牧民族共同成就的文明奇迹。对于中国人来说，长城还是心中的精神寄托，是民族向心力与凝聚力的精神构筑物。在近代以来中华民族共同抵御外辱的过程中，在《义勇军进行曲》"把我们的血肉，筑成我们新的长城"的激昂旋律中，长城成为自强不息、坚不可摧的中华民族的象征，成为前赴后继、众志成城的爱国情怀的象征，成为艰难困苦、玉汝于成的伟大中国的象征。在新的时代，长城也不断被赋予新的意义与文化内涵，成为当代中国的重要文化地标，既与中国人的日常生活息息相关，又体现着兼具悠久深厚的文化底蕴、与时俱进的发展活力的当代中国独具特色的风格、气派与风采。

一、民族融合的历史见证

如前所述，自长城出现的那一刻起，就既是一道防御工事，又在相当长的历史时期作为一条民族融合的纽带，见证着不同民族和文明之间的碰撞和交流，深度参与了推进多民族统一国家形成和发展的过程。

（一）重构"天下"，巩固新的政治秩序

秦统一六国后，调动巨量的人力物力投入建筑长城这项浩大的工程之中，并非仅为自我封固，甚至恰恰相反，万里长城的建造反映出秦帝国的视野极为广阔。秦始皇不愿重蹈周天子面对"其外侯服夷服，诸侯或朝或否"而"不能制"（《史记·秦始皇本纪》）的覆辙，因此努力让可见的"周边"成为帝国控制的区域。公元前214年，秦始皇在取得富饶的河套地区之后，命令大军继续北进，在与匈奴交界处设置了九原郡，这里也是黄河流经区域的最北端，郡治九原城正处在长城和黄河之间。不久，秦始皇又沿长城西段所经之处，自榆中直到阴山东部设立44个县，傍河建筑县城以成要塞，后更以"拜爵一级"的奖励政策"迁北河、榆中三万家"（《史记·秦始皇本纪》），完成了一次大规模的移民实边。秦人在陇西的长城内外屯垦生产，显著地促进了这一地区的开发和民族融合。不论是九原郡还是陇西郡，都处于北部边疆的区域。由于存在很多少数民族，在这些地域设置的管理机构与内地并不完全相同，所谓县"有蛮夷曰道"（《汉书·百官公卿表》）[①]，如陇西郡的狄道等即是。为了便于管理，秦王朝还特设管理民族事务的机构"属邦"[②]，政府在相当长的一段时期内允许所属少数民族政权在遵守秦法的前提下享有自治和一定的轻罪赎除之权。一些学者指出，秦对少数民族实行的优待政策体现了多民族国家思想，正是在这一思想的影响下，对于"华夏"及其范围的划定，决定性的影响因素逐渐从民族与血缘的区隔，转向了治权与地域

[①] 曹学群在《县"有蛮夷曰道"质疑》一文中对班固的说法提出疑义，参见《求索》1996年第1期。但不能否认的是，"道"的设立与少数民族治理之间有着密切关系，参见杨建《略论秦汉道制的演变》，《中国历史地理论丛》2001年第4期。

[②] 有关属邦职能在秦统一前后的变化及其与"臣邦"和"道"的关系，参见邹水杰《秦代属邦与民族地区的郡县化》，《历史研究》2020年第2期。

的考量。而所谓地域的标准，实际上最终都着眼于文化的异同。[1]随着西北和西南地区郡县化和编户化的推进，这些区域逐渐被纳入国家秩序，文化改造、民族融合的进程也在加速，长城内外的"夷夏之辨"逐渐模糊。

长城作为一种防御性的工事，它构成了"保障"的基础，"保障"使一切变得更加"有序"。经过重构的政治秩序，是这种"有序"的高层级体现。当秦帝国疆域内文化差异不断淡化，一个稳定的"中国"开始显现出共同体的性质，这一共同体的文化向外辐射，使得长城内外的关系也发生了变化：先秦时期，列国长城主要标明两侧国家间的敌对攻防关系；到了秦汉时期，长城内外虽仍然时有紧张对立，但周边少数民族及其政权多数时候被看作中原政治秩序的组成部分，这也对应着汉代儒家心中"多重型天下"的理想形态。[2] 此后，人们开始通过反思长城及其防卫功能来考虑民族关系，推求理想的天下秩序。在汉代对外政策调整和完

---

[1] 参见［日］王柯《从"天下"国家到民族国家：历史中国的认知与实践》，上海人民出版社2020年版，第74页。
[2] 王柯提出，秦汉帝国建立的"多重型天下"体制模式为后世提供了榜样，从地理上看，在北方起到区分"内""外"作用的，就是万里长城。参见［日］王柯《从"天下"国家到民族国家：历史中国的认知与实践》，上海人民出版社2020年版，第98页。

善过程中，长城的象征和参考意义颇为多元：一方面，汉武帝时代新修筑的如漠南长城等"外长城"是昭示帝国实力、军事胜利和君主伟略的丰碑；另一方面，秦长城犹在而秦帝国二世即亡的教训也提示统治者注重"德"与"仁政"，在处理与少数民族的关系时，应更加强调"山河之固""在德不在险"（《史记·孙子吴起列传》），即"仁义为阻，道德为塞，贤人为兵，圣人为守"（《盐铁论》）的观念。在战与和、通与断的两极之间，在汉王朝与北方游牧民族整体政治格局的动态调整过程中，农耕与游牧这两种不同的文化形态既彼此对抗，又相互依存，在持续而深刻的互相影响中共同发展。

（二）界分农牧，见证两种文明互动融合

观察长城之实迹，很多学者指出它是农耕文明和游牧文明的分界线。严格地说，长城是一个混合着游牧和农耕的过渡地带，并未造成两者的隔绝，事实上长城在相当长时段内反而促成了沿线不同文明间的互动、聚集与融合。

即使从犬戎攻入镐京致使西周灭亡开始算起，农耕民族和游牧民族的冲突史也已足够漫长。游牧民族不时迁徙、抢掠，给定居族群带来动乱和恐慌，为确保稳定的生产、生活秩序，定居族

群将一段段修建于不同时间和地点的城墙连接为"长城"。长城在混合地带的竞争过程中产生，它在护卫资源的同时保障了中华文明核心部分的延续，有效降低了农牧之间冲突的激烈程度，使二者的交往融合能有序进行，并在此后对其内、外部的社会、经济、政治、文化施以影响。

公元前302年，锐意改革的赵武灵王带头"易胡服""习骑射"（《史记·赵世家》），并在全境推广，使"贵族服其教，黎元化其俗"①。他通过招募胡人骑兵和培养本国骑兵相结合的方式建立起自己的庞大精锐部队，赵国不仅因此军事实力空前壮大，更使周边游牧民族和有戎狄背景的外族大臣对之产生强烈的文化认同和归依心理。对内而言，随着"唯夏"意识的松动，民族融合进一步加强，游牧经济和文化在赵国获得更大范围的普及，以此为契机，以邯郸和代郡为代表的两种文化和政治势力形成的南北分裂困局也得以解决；对外而言，与始建赵国南长城有效防御邻国入侵的父亲赵肃侯相比，赵武灵王致力修筑赵国北长城体现出更为开拓进取的政治意图。正如狄宇宙（Nicola Di Cosmo）所观察到的，包括赵国北长城在内的建立在游牧区的长城，是中原政权

---

① 参见彗广《黄帝以后第一伟人赵武灵王传》，《新民丛报》1903年11月3日。

"怀着军事进攻和领土扩张的意图"①修筑的。随着农耕技术和生产力的快速发展，在君主集权体制的保障下，农耕民族不仅能够对抗游牧民族的侵扰，更开始了一种以守为攻的扩进。

游牧民族"逐水草而居"的生活方式与不能全然自足的经济模式，决定了他们势必同毗邻而居的定居族群发生经济互动，以补足生计——与农耕民族的贸易和战争，正是"互动"的两种表现形式。汉王朝建立前后，匈奴势力渐强，"白登之围"的危机及其解除方式仿佛后世汉匈关系的预演，战争间歇，常常可见和亲与通使、互市与贡赐。贡赐常被认为是另一种形式的贸易，一方进贡，一方赏赐，其功能主要在于双方社会上层通过物资交换和分配来对各自的政治体系加以巩固。匈奴依靠这一制度和体系收获颇丰，即使政治地位有所下降，成为汉的"外臣"，但却有效地控制着长城以北的领土。官方贸易之外，边境的私人贸易也在两个民族间不时进行，据《后汉书》记载，1世纪后半叶，北匈奴多次主动要求与汉人进行贸易交换，甚至不惜为此引发冲突和战争。

---

① ［美］狄宇宙：《古代中国与其强邻：东亚历史上游牧力量的兴起》，贺严、高书文译，中国社会科学出版社2010年版，第172页。

起于北方草原的鲜卑人建立政权后，越来越依赖农耕经济，汉化的进程也同时开启。胡人统治者将建立中华王朝视为目标和使命，积极起用汉人士族，虽然也在短暂的时间内实行"胡汉分治"，但民族意识已相对薄弱。494年，北魏孝文帝将国都从平城迁往黄河以南的洛阳，以便更好地控制中原地区，民族融合程度因此进一步加深，社会结构中的"血缘"纽带逐渐让位于"地缘"联系。在此前后的70余年间，北魏的数位国君花费了不少精力分别修建、加固了泰常八年长城、畿上塞围、六镇长城与太和长堑，其目的是防御北方的柔然，对移民垦殖和管理边民也多有助益，他们希望凭借这道可视的城墙以及文化政治上的改革，彻底摆脱游牧民族的"纠缠"。即使面对从之前的部族首领到之后的鲜卑贵族持续性的反对，北魏的主要统治者仍毫不动摇地坚持汉化，中华文化也在此际显示出强大的影响力和容摄力。在研究者的眼中，这一时期被视为中国历史上秦汉"华夏帝国"转变为隋唐"中原王朝"的关键阶段，由于部分匈奴、西羌、鲜卑部族迁于塞内，他们吸取华夏文化中糅合儒、法的礼仪教化与治术，配合原有之游牧部落与部落联盟等组织概念，尝试建立兼治长城内外之民的政权，因此当新的统一帝国再度出现时，统治阶层已经融合了游牧民族的血统与文化，在对待长城以北游牧部族的策略上,隋唐与秦汉之异相当明显。[1]

(三)护卫通路,促成国家与民族间交流

北魏的高闾曾上表陈述修筑长城的"五利",除防御、备战等功能外,还有一条是"岁常游运,永得不匮"(《北史·列传第二十二》)。确实,长城不仅是一套复杂完备的军事防御系统,还承担着居住屯田、边境管理、内外交通、贸易税收等功能。长城沿线的军事、经济、文化交流活动是北部开发的重要动力来源,这种开发推动了定居人群向北的迁移和游牧民族向南的内附。

《史记·大宛列传》记载,汉武帝得到大宛汗血马后,认为是"神马当从西北来"的谶应,欢喜异常,名之"天马",继而为再获大宛宝马下令开筑令居以西的长城亭障,并设置酒泉郡以为据点,便于沟通西北各国。此后,沿着这条路线往来安息、奄蔡、黎轩、条枝、身毒国的使者乃"相望于道"。当然,河西建郡的实际原因必不止于此,还应包括戍兵屯田以御匈奴和群羌的军事需求,但区域得以开发、交通受到保障,确是自然的结果和事实。稍晚的《汉书·西域传》也提到,"自敦煌西至盐泽,往往起

---

[1] 参见王明珂《华夏边缘:历史记忆与族群认同》,上海人民出版社2020年版,第280页。

亭，而轮台、渠犁皆有田卒数百人，置使者校尉领护，以给使外国者"。屯田规模的扩大，不仅解决了使者的口粮供给问题，也使中原的农业技术在西域传播开来。随着长城沿线贸易通道的贯通，中国和中西亚各国间的文化交流迅速展开并走向深入。从这一角度看，作为汉民族文化边线的长城，同时又在亚欧内陆文明发展的过程中承担着大动脉的作用。

汉武帝开河西四郡，位于敦煌的长城边陲玉门关和阳关成为出入西域的要冲，来自不同地区的文化在此交汇、传播，佛教传入中国的第一站也在这里。当地的佛教洞窟最早开凿于4世纪中叶，到了十六国时期，敦煌更成为全国的佛经翻译中心。一千五百年后敦煌石室遗书重见天日，其中包含的古代民族语言文字种类之多，令人惊叹，那些用古藏文、回鹘文、突厥文、于阗文、梵文、西夏文、粟特文、康居文、吐火罗文、龟兹文等书写的卷子，是认识历史上中原王朝与北方各少数民族如吐蕃、突厥、粟特、回鹘、党项、蒙古等之间复杂关系的重要文献，同时也是研究古代欧亚历史和摩尼教、景教、祆教、犹太教、基督教等宗教文化的珍贵材料，由此可见汉唐之际敦煌地区人文交流的多元性和深刻性。关于长城，在敦煌遗书中只能找到为数不多的破碎资料，像 P.5019 和 BD11731 缀合后的《孟姜女变文》就有金河、烽火、塞北、诺直山、燕支山、长城等字眼，残卷背后画有长城的城墙、门洞和守城者。但纵使鲜见于相关文献材料，毫无疑问，在敦煌遗书得以诞生的那段历史中，长城始终作为一种坚实的保障隐没于背景，悄无声息地发挥着至关重要的作用。

物资的交换总是与文化的交流相辅相成。在汉代的边境关市中，马匹是重要的贸易物资，到了唐、宋、元等朝代，中原王朝与边疆少数民族进行交易的关市仍称"马市"，尽管交易的商品种类繁多，但收买马匹仍是"马市"存在的主要目的。在以骑射为主要武备的古代，马的数量和优劣关乎国家军事力量的盛衰。明朝建立以后，从太祖以至后世诸帝都非常重视马政建设，除在民间首创代官养马制度外，还颁布了凡来朝贡马者皆予重赏的政令，考虑到边民来京贡马一路艰辛险阻，朝廷遂开广宁、开原等处马市以提供便利。为了笼络、安抚和防治北方的劲敌漠西蒙古（瓦剌），1438年，明英宗准大同巡抚所请，令军民平价市骆驼与马，并派专门官员经理互市商品事务。嘉靖年间宣大总督在此创修长城，其中府谷长城线最南端的重要关隘镇羌堡就开设有马市，其遗址至今留存。

明朝与蒙古鞑靼部的冲突和纠葛直至隆庆年间才得到缓和，但其间彼此的交往并未中断。早在1543年，俺答汗就用两种不同的手段寻求明朝开放关市，除武力逼迫之外，他有意识地接纳越过长城进入漠南的汉人逃兵和难民，鼓励他们就地垦殖生产；在明朝这边，因修筑工事而迁徙至长城脚下的人口聚居形成许多村落，普通百姓在与蒙古人毗邻居住、长期对峙的过程中互相熟悉、增进了解，他们向往和睦相处、互通有无，因此常有私下进行贸易的行为，这些都构成了"隆庆和议"的社会基础。根据和议，贡赐关系再度建立起来，大同得胜堡、新平堡、守口堡、助马堡等处马市终于开放，长城沿线自此"六十年来，塞上物阜民安，商贾辐辏，无异于中原"（《宣府镇志》）。毫无疑问，在明蒙关系不断变化的过程中，正是长城沿线关城促进了人口聚合、边贸往来和文化交流，守边士卒的任务不仅是"修城堡"，更有"广屯种"（《明史·兵志三》），他们很少使用"长城"这个称谓，更常见的叫法是"九边镇"——直至王朝终结，浩大的建设工程仍在继续，他们在长城的政治和军事体系之外开拓出生活模式和社会模型。

作为军事边界的长城不仅没有将不同的文明隔绝开来，还让"中国"具备了更广阔的视野，让"天下"的内涵更为多元和丰富。长城内外，不同民族间的交流融合，无论是以战争还是和平的方式，都是推动历史进程的重要动因。从秦长城到明长城，这一不断修建、加固、拓展的特殊的工事体系，一直在为看似"边缘"的地带带来活力：人口集聚、区域开发、物资流转、文化传播、生活方式改易等，多民族之间的交融持续在长城所代表和构建的秩序框架内有序展开。

二、中华民族的精神象征

孟子说："天下之本在国，国之本在家，家之本在身。"(《孟子·离娄上》)"家国天下"本是一体，君子"身修而后家齐，家齐而后国治，国治而后天下平"(《礼记·大学》)。这种由家及国，从切身的家庭关系出发来理解个人与国家关系的认知习惯，直到今天仍深刻影响着中国人的家国意识。长城作为古代中原帝国统治疆域的边界标识，作为守土卫国的防线，也自然而然地在这一套"家国天下"的政治想象中获得了重要的象征意义，成为国家力量的象征。

（一）古代中国，长城诗文中的故土之思

在中国古代的文艺作品中，长城的雄壮往往联系着国家的强盛。如唐代袁朗在歌颂"四时徭役尽，千载干戈戢"的太平盛世的诗歌《饮马长城窟行》中,便写到"长城连不穷"的壮观景象;北宋毕仲游的《送范德孺使辽》同样将"坐见长城倚天宇"的宏大画面同"际天接地皆王土""桑麻万里富中原"的盛世盛景联系起来。

唐代边塞诗的雄浑气象,亦往往以长城为背景。遥望长城,回首秦汉,无论是"黄河远上白云间,一片孤城万仞山"(王之涣《凉州词二首·其一》)的苍凉沉郁,还是"秦时明月汉时关,万里长征人未还"(王昌龄《出塞二首·其一》)的抚今追昔,都能悲而不凄,体现出盛唐的豪迈与壮美。唐代疆域辽阔,越过了长城的边界,故而在唐代边塞诗中,长城雄关与其说是实指的战争场所,不如说是一个连接古今的文学意象,将秦汉古战场的厮杀之声与此时此地的所思所想相互交叠,无论是征夫苦战思乡泪,还是投笔从戎报国心,都因而有了历史的纵深,更显出文学表达的独特魅力,长城也在这样的作品中跃出物质实体的局限,具有了精神性的意义。

从北宋末年到南宋,风雨飘摇的宋室江山引起爱国诗人无尽的忧思。陆游《书愤》中的"塞上长城空自许,镜中衰鬓已先斑",杨冠卿《贺新郎》中的"待西风、长城饮马,朔庭张弩","怅未复、长陵抔土",读来都令人唏嘘。在强敌环伺、偏居江南的南宋，长城对于爱国诗人们而言，不仅是聚合了无数英雄故事的古战场，还是一个太平强盛的中原王朝本该保有的国土边界。他们的长城记忆，因而融入了对中原王朝昔日荣光的无限追忆。此时以长城入诗，便总会勾起想要收复失地、北定中原，却又报国无门的沉痛悲凉之情。"长城万里英雄事，应笑穷儒饱昼眠"（陆游《送霍监丞出守盱眙》），长城作为文学意象再一次重叠古今，与秦汉守边名将的英雄事迹相对照的，却是有心报国、无力回天的悲怆现实。这种借长城意象表达家园沦丧的悲愤之情，以及收复失地的强烈愿望的文学结构，也成为中国文学史中的重要传统。无论是在明末的飘摇乱世中，还是近代中国的百年屈辱中，我们都能看到相似的情感与表达，长城在这一漫长的历史过程中，日益成为中国人的故土家国意识的核心象征。

作为守卫疆土的重要军事防线，长城还常与对国家的忠诚联系在一起。韩翃《寄哥舒仆射》中的"万里长城家，一生唯报国"和徐九皋《送部四镇人往单于别知故》中的"马饮长城水，军占太白星。国恩行可报，何必守经营"等诗句，都借长城抒发着尽忠报国的情怀。如果说在这两首作品中，长城主要还是一个空间意象，象征着国家疆土，那么在"誓辞甲第金门里，身作长城玉塞中"（王维《燕支行》）及"胡马长驱三犯阙，谁作长城坚壁"

（黄中辅《念奴娇·炎精中否》）等诗词中，长城还有着另一层文学表意的功能，即被用来指代忠臣良将、国之栋梁。南北朝时期，宋国名将檀道济因功高盖主而遭宋文帝猜忌下狱，檀道济感叹宋文帝的这种行径是"乃复坏汝万里之长城"（《宋书·檀道济列传》），因此有了"自毁长城"的说法。在这一用例中，长城便因其坚不可摧的强大防御功能，被用来比喻人才作为国之根基的重要地位。以长城喻名将由此成为传统，唐代名将李勣曾得李世民"其为长城，岂不壮哉！"（《资治通鉴·唐纪十二》）的赞赏；明代开国将领徐达也被朱元璋称为"万里长城"（《明太祖实录》洪武十八年二月）。"身作长城"的文学修辞与此同源，不仅强调了能臣名将本身无人可及的才干能力，更强调了个人与国家之间的关系——个人以身许国，国家安定强盛是个人功绩的最佳证明。

千年诗词文赋，未曾间断地描绘着长城的模样，长城早已不只是跨越崇山峻岭、莽原戈壁的庞大建筑，更成为属于中国与中国人的文学意象、文化记忆与精神寄托。长城，无论象征着统治疆域还是国之栋梁，始终脱不开的是那份厚重而深沉的家国情怀。每有思乡之情、报国之志，人们就会想起长城，想起它的雄壮与苍凉，想起世世代代发生在长城脚下的英雄故事。

（二）走向近代，"英雄造势"与长城新解

近代以来，长城的形象进一步凝练升华，成为中华民族抵御外辱、自强不息的精神象征。

光绪十四年（1888），康有为赴京参加顺天乡试，第一次上书光绪帝请求变法未果，同年夏天游览居庸关长城，写下《登万里长城》："秦时楼堞汉家营，匹马高秋抚旧城。鞭石千峰上云汉，连天万里压幽并。东穷碧海群山立，西带黄河落日明。且勿却胡论功绩，英雄造事令人惊。"此处以称赞的口吻写秦始皇修筑万里长城的事迹，是此前历代文人中少有的角度。大部分古诗提到秦始皇筑长城，都持批判态度，如唐代汪遵（一作褚载）的《长城》："秦筑长城比铁牢，蕃戎不敢过临洮。虽然万里连云际，争及尧阶三尺高。"将长城与尧阶对比，认为秦始皇大兴土木修建长城，却并不能阻挡秦朝的灭亡，与尧这样勤俭爱民的贤君根本无法相比。陆游的《古筑城曲》："长城高际天，三十万人守。一日诏书来，扶苏先授首。"同样讽刺了劳民伤财修筑的坚固长城，并不能阻挡秦王朝的内部溃败。对秦始皇修筑长城的批判，无论是秦皇的暴虐，还是战争的残酷，都十分常见，康有为并未因袭这样的立场，而是盛赞秦始皇"英雄造事"的惊人气魄，认为这种改变历史的强大行动力，甚至比"却胡"的实际功绩更值得赞叹。

在康有为写下《登万里长城》之际，中国近代史的百年屈辱已经在列强的坚船利炮中拉开了帷幕，中原王朝与北方游牧民族间周期性的冲突与战争已不再是清王朝面临的主要外部威胁。对于有经国济世抱负的康有为而言，当时中国所需要的，是一道新的"长城"，一道能够阻挡列强入侵脚步的"长城"。列强的侵略也让康有为意识到了中国的积弱与落后，唯拥有秦始皇修筑长城时那种"英雄造事"即创造历史的魄力，革除积弊、变法维新，才能改变中国的命运。属于中国的新的"长城"必然不再是砖石堆砌的高墙，而是新的思想、文化、技术，以及新的中国人。

在这首《登万里长城》中，能够清晰地看到吟咏长城的主题的变化：一方面，求新求变的现代性历史观成为正面解读秦皇事迹的新视角；另一方面，来自西方的压力打破了中原农耕文明与北方游牧民族间的动态平衡，长城作为文学与文化意象所蕴含的家国情怀开始从一种中原王朝本位的天下观，逐渐转向由汉民族与诸少数民族共同熔铸的中华民族命运共同体的国家观。伴随着国家的近代化，长城的文化内涵也开始经历近代化过程。

（三）抗日救亡，"血肉长城"中的家国情怀

1931年，以九一八事变为标志，日本悍然发动侵华战争，14

年抗日战争给中国人民造成了深重的苦难。但与此同时，艰苦卓绝的抗战也极大促进了中华民族的团结与觉醒，激发了中国人的爱国热情，成为中国现代民族国家建构中极为重要的一环。

九一八事变后，发生在长城沿线的战役包括1933年的长城战役，1937年的南口战役、忻口战役等，其中，长城战役有着尤为重要的历史意义。

1933年初，已经占领了东三省的日军进一步侵略华北，强占山海关，遭到了中国守军的顽强抵抗。激烈的战斗从1月1日夜间持续到3日下午，当时驻守山海关的是东北军独立步兵第九旅六二六团的两个营。一营营长安德馨死守山海关，并在作战动员中发下了"我安某一日在海关，日人一日决不能过去。日人欲过去，只有在我们的尸首上过去"①的誓言。激战中，安德馨战死，两营官兵伤亡殆尽。团长石世安率余部撤退，日军随后控制了山海关及关内外交通要道。安德馨及六二六团两营官兵拼死抵抗、以身殉国，揭开了长城抗战的悲壮序幕。全国各地报刊争相报道山海关战役的情况，包括安德馨誓与山海关共存亡的英雄事迹。东北爱国官兵宁死不当亡国奴的英勇悲壮极大扭转了九一八事变

---

① 《申报》1933年1月10日。海关即山海关。

后蒋介石不抵抗而放弃东三省所形成的舆论悲观情绪，鼓舞了中国人民的抗日热情。

2月23日日军进攻热河，3月11日热河全省沦陷，日军推进至长城沿线，在古北口、喜峰口等长城关口与守军交战。其中，古北口成为长城抗战的主战场，双方在这里投入兵力最多、战斗历时最长。在防守龙儿峪的过程中，十七军第二十五师一四五团团长王润波身负重伤仍坚持指挥战斗，直至牺牲。师长关麟征亲自率军增援，在途中与日军发生遭遇战，关麟征身先士卒，被手榴弹炸伤后，仍浴血奋战，英勇杀敌，最终成功击退日军。

3月12日，守军连续击退了日军三次大规模进攻，因伤亡过大而撤出古北口，一四五团一个军士哨因通信断绝，未能接到撤退命令，坚守哨位的七名士兵抱着必死的决心用一挺轻机枪和几把步枪封锁山下公路，多次阻挡了日军的进攻，伤敌、毙敌一百余人。日军使用重炮与飞机几乎炸平了七名士兵所在的山头，七名士兵直到全部殉国也没有后退一步，连敌军都对他们的英勇精神肃然起敬，将他们的尸骨合葬在一起，称为"支那七勇士之墓"。在中国官兵血战到底的顽强抵抗下，日军虽然最终占领了古北口，却也付出了沉重的代价。

持续近三个月的长城抗战虽然以失败告终，却给日本侵略者以沉重打击，阻止并延缓了日军侵略华北的进程，激发了全国人民勠力同心、抗日救亡的爱国热情。来自全国各地的捐款、捐物被送往前线，各爱国团体也纷纷组织慰问演出，长城抗战成为全民参与抗战的重要起点，为后来的抗日民族统一战线奠定了基础。

长城在中国人心中的特殊地位，也为长城战役赋予了重要象征意义。千年来积淀于长城意象中的故土家国意识，在长城即将沦陷的时刻扣紧了每一个人的心弦，亡国灭种的巨大危机感在血染长城的那一刻前所未有地高涨起来。历史上发生于长城沿线的英雄故事，与永眠于长城脚下的爱国英烈的事迹相交叠，凝练升华为捐躯赴国难、虽死犹未悔的爱国主义情怀，以及中华民族上下一心、生死与共的命运共同体意识。

1935年，《义勇军进行曲》随着电影《风云儿女》的上映而唱遍大江南北，无论在前线还是后方，每当《义勇军进行曲》的旋律响起，都有力鼓舞着中华儿女继续艰苦卓绝的斗争。特别是那句"把我们的血肉，筑成我们新的长城"，明确了长城作为全国、全民族重要精神依托的重要地位，四万万中国人的血肉与精神如同饱经战火而屹立不倒的长城，构成了保家卫国的坚实屏障。由于近代以来的民族危机，长城在中国人民心目中有了生死存亡底线般的意义，每到关键时刻，总能激发起中国人民保家卫国的信念，在爱国的艺术家那里，更是如此。比如田汉曾在20世纪30年代发表的系列文章中多次使用"长城"这一意象，号召民众团结抗日，筑成保家卫国的"万里长城"。可见，《义勇军进行曲》中的"血肉长城"等意象，就是反抗日本帝国主义侵略的民族意志在艺术中最强烈的回响。此后，将人民军队比喻为"钢铁长城"这一修辞传统便延续下来，简单的四个汉字中承载的是不曾断绝的中国军魂。

长城抗战能够在唤醒民众、共同抗日的过程中发挥如此重要的作用，源自长城与家国、保卫长城和保卫家国之间自古而然的密切文化联系。1937年七七事变后，潘子农、刘雪庵为电影《关山万里》创作的插曲《长城谣》便有"万里长城万里长，长城外面是故乡"一句，看似简单的陈述，却包含着深厚的情感，写出了东北沦陷后东北人民"苦难当，奔他方，骨肉离散父母丧"的痛苦悲愤。尽管由于上海八一三事变的发生，电影《关山万里》最终没能完成，但《长城谣》却唱遍了大江南北，歌中那份深切的故土之思如同万里长城万里长，唱进了每一个中国人心里。多少爱国青年唱着这首歌，怀着"中国不会亡"的信念奔赴战场，为了这片祖祖辈辈生于斯、长于斯的土地不惜献出年轻的生命。1938年，青年歌唱家周小燕去法国留学途经新加坡，应百代唱片公司邀请，演唱灌制了唱片《长城谣》，使《长城谣》在更大范围得到传播，广大侨胞受到感召，积极捐款捐物，甚至愤而回国参加抗战。这也说明对长城的深沉情感不仅流淌在每个中国人的血脉记忆中，还刻印在全球华人华侨的心里，万里长城寄托着他们的故土情、爱国心。

1994年的歌曲《长城长》开头唱道："都说长城两边是故乡，你知道长城有多长"，仿佛是对近60年前《长城谣》的一次跨时代的回应。国家独立统一、经济快速发展的今日，中国不会忘记那段山河破碎的历史，不会忘记"凝聚了千万英雄志士的血肉，托出万里山河一轮红太阳"的艰难岁月，不会忘记是无数先辈用他们的牺牲铸成最坚不可摧的长城，捍卫了中国的未来。歌中既唱出历史的悲情，也唱出新时代屹立于世界之林的自信、强大、开放的新中国的昂扬精神。"长城雄风万古扬"一句，一洗古往今来长城意象中常常郁结着的悲凉凝重的气氛，雄健而壮阔。长城意象中寄托的爱国情怀与民族情感在新的时代也有着新的风采与永恒的重量。

自古以来，长城不仅作为建筑物质实体、军事防御系统进入人们的视线，它更是一个历史悠久、内涵丰富且随时代发展而不断自我更新的文化意象。居于长城意象核心位置的，总是那份历久弥坚的家国情怀，无论是太平盛世时的自豪，还是风雨飘摇时的悲愤,都会化作报效国家的勇气与责任感。在这种文化传统下,长城如此自然地在近代中国民族危亡时刻的话语象征系统中占据了重要位置,并升华为面向现代国家的民族向心力与凝聚力的精神构筑物——四万万中国人用血肉筑起了新的长城。中华人民共和国成立后,长城的形象出现在国歌中,出现在身份证、护照上,出现在人民大会堂的大厅中。长城成了中国的象征,也成为每一个中国人的身份标识,如同一座精神丰碑,铭刻着全体中华儿女团结一致、自强不息的伟大爱国精神。

三、与时俱进的文化地标

2000多年来,尽管世事变迁,沧海桑田,但雄伟的万里长城始终巍然矗立,在中国人心中占据着重要地位。今天的长城,虽然失去了实用功能,却被赋予了更多的文化和精神性价值。概括地讲,长城蕴含的伟大精神包括"团结统一、众志成城的爱国精神,坚韧不屈、自强不息的民族精神,守望和平、开放包容的时代精神"[1]。这三重精神既是长城文化的核心特质,又是中国文化与

---

[1] 文化和旅游部、国家文物局:《长城保护总体规划》,2019年1月23日。

时俱进的内在驱动力。从整体看，当代长城文化主要呈现出三类形态：一是文化遗产形态，以长城沿线遗存的大量文物古迹为代表；二是文学艺术形态，以各文艺门类创作的长城题材作品为载体；三是文化符号形态，以语词和图像形式融入社会生活的方方面面。三者互通互融，多元而统一，共同构成了当下长城文化的基本面貌。即将建设的长城国家文化公园也会充分整合三类当代文化形态，深入贯彻落实习近平总书记关于"让文物说话、让历史说话、让文化说话"等一系列推动中华优秀传统文化创造性转化与创新性发展等重要指示精神，继续讲好新时代的长城故事。

（一）底蕴深厚的文化遗产形态

对当代人来说，长城首先以文化遗产的形态出现，它是中国现存规模最大的世界文化遗产。山海关、八达岭、居庸关、嘉峪关等耳熟能详的长城点段早已成为必游之地，沿线开发中的其他景区也不乏中外游客。文化遗产旅游是了解长城历史、感悟长城文化的最直接途径。通过登临体验，人们便可以领略万里长城的千载雄风；抚摸墙砖垛口，似乎就能触及其中蕴藏的历史信息。

厚重的历史感是长城文化遗产给世人的第一印象。的确，长城的整个营造史历经春秋战国、秦、汉、唐、明等多个历史时期，其间不断地修筑和维护，留下大量的历史遗迹和文物。长城遗迹的分布范围涉及全国15个省（自治区、直辖市）的404个县（市、区），文物本体总计43000余处（座／段）。[①]如此跨越历史长时段和地理大区域的文化遗产，在世界上也是罕见的。因此，早在1987年，长城就被列入联合国教科文组织《世界遗产名录》。中国长城符合遴选世界遗产的多项标准，不仅在建筑艺术史上堪称范例和奇迹，而且在人类文明史和军事史上也同样具有不可替代的价值。可以说，长城的修筑过程就是中国古代史和民族发展史的缩影。

除物质实体外，长城的文化遗产形态也体现在民俗文化上。出于防卫的需要，以城墙为中心的军堡聚集了大量人口，戍边军旅和周边住民创造了别具一格的边塞文化。在长城两万余千米的弧形文化带上，自东向西分布着辽东文化、燕赵文化、三晋文化、关中文化、陇右文化等文化地理区域，差异中彰显着北方粗犷豪迈的统一特征。沿河西走廊向外扩展的长城边界又与古丝绸之路文化带衔接。如今，散落在长城南北的传统村落似繁星点点，依然延续着塞外的古风古韵。

---

① 参见文化和旅游部、国家文物局《长城保护总体规划》，2019年1月23日。

简言之，长城文化遗产携带着深厚的中华文化基因，并已成为中华民族的精神象征，需要世代传承与保护。中华人民共和国成立后，长城的保护工作一直受到党和国家的重视。从1961年起，一些重要点段就被公布为全国重点文物保护单位和省级文物保护单位；2006年，国务院颁布《长城保护条例》；2016年，国家文物局发布《中国长城保护报告》；2019年，文化和旅游部、国家文物局发布《长城保护总体规划》，同年，长城国家文化公园建设项目启动。作为重要文化遗产的长城，将以国家文化公园的形式，肩负起展示中华优秀传统文化创造性转化、创新性发展成果的新使命。由点到线，由线到面，长城文化将再一次被串联起来。公园项目把各地文化和旅游资源围绕长城主题进行统合，为传承传播长城文化提供支点和基地。总的来说，文化遗产沉淀和包含着长远的民族记忆，弘扬与传承源远流长的长城文化，就是守护我们共同的精神家园和精神象征物。

（二）丰富多彩的文学艺术形态

宏伟壮丽的长城不断激发着古今文人墨客的创作灵感。他们寓情于景，抒发对祖国大好河山的赞叹，也流露出对个人生活境遇的感慨。据统计，有关长城的诗歌超过数千首，创作改编的各类文艺作品更是不计其数。长城给人的独一无二的文化体验值得每个时代浓墨重彩地书写。无论你是否登上过长城，都会在艺术家的创作中身临其境地感受到万里长城的无限魅力。

长城绵延万里的浩大工程，成为凝聚民间叙事的巨型"传说核"，八达岭、山海关、嘉峪关等点段都形成各具特色的传说集群，其中北京地区的"八达岭长城传说"已被列入第二批国家级非物质文化遗产名录。长城传说的主体是地方风物传说，围绕地名和遗迹展开，也包含了修筑长城的工匠传说，保卫长城的英雄传说，王昭君、杨家将、戚继光、李闯王等历史人物传说。民间传说中不乏绮丽想象和神话色彩，生动的细节蕴含着地方生态和伦理道德知识，深刻反映了长城沿线民众的集体记忆和文化认同。"孟姜女传说"是长城传说中最为人熟知的，也是"中国四大传说"之一。据顾颉刚研究，孟姜女传说的最初原型是《左传·襄公二十三年》所记载的杞梁妻却郊吊，后不断演变，成为如今的形态，并生成众多异文。[①] 孟姜女传说控诉了秦始皇在修筑长城时压榨百姓的暴政，有着鲜明的民众立场。孟姜女故事情节经过添枝加叶进入地方戏曲，也催生出许多经典剧目。

---

① 参见顾颉刚《孟姜女故事研究及其他》，商务印书馆 2017 年版，第 3—4 页。

口头传统之外，大量与长城有关的诗文也为中国文学史留下了宝贵财富。除了许多家喻户晓的边塞诗外，还有不少记叙长城景观、纵论长城意义的名篇，如贾谊的《过秦论》、高闾的《请筑长城表》、徐彦伯的《登长城赋》、龚自珍的《说居庸关》等。现代作家中，吴伯箫的《我还没有见过长城》、叶君健的《在长城上》、刘白羽的《关于长城的回忆》、秦牧的《长城远眺》等也都展现了今日长城之美，与旧日怀古之情有所不同。毛泽东诗词中的名句"不到长城非好汉"（《清平乐·六盘山》）、"望长城内外，惟余莽莽；大河上下，顿失滔滔"（《沁园春·雪》），更是意境深远、气势恢宏，将伟大的长征精神、抗战精神和革命情怀融入了长城文化。

文学形态的长城遗产还应包括匾额与楹联。那些巍峨耸立的雄关城楼上的书法，为长城增添了不少审美情趣。山海关的"两京锁钥无双地，万里长城第一关"，雁门关的"三关冲要无双地，九塞尊崇第一关"，古北口的"地扼襟喉通朔漠，天留锁钥枕雄关"都是其中佳品，对仗工整，文辞考究，衬托出长城独有的文化底蕴。

美学家宗白华曾说："中国最伟大的美术，最壮丽的美，莫过于长城。我们现在谈美，应从壮美谈起，应从千万人集体所创的美谈起。"①"壮美"是长城最突出的美学特质，也是它给人最直观的感受。长城的壮美，尤其在视觉艺术中展现得淋漓尽致。悬挂在人民大会堂迎宾厅，由傅抱石、关山月共同创作的《江山如此多娇》在表现锦绣山河时，就加入了蜿蜒曲折的长城景观。长城也是摄影家钟爱的拍摄对象，除审美价值外，一些特定时期的纪实作品有着珍贵的历史价值。作曲家杜鸣心创作的《长城交响乐》则以听觉艺术的形式呈现长城之美，同样有震撼人心的力量。以长城为题材或背景的戏剧、影视等综合艺术作品更是数不胜数，在各个历史时期不断涌现。

总之，不同门类的艺术作品用各自的艺术语言，或再现、或表现长城的过去与现在，反映出长城文化特有的民族诗性，感染了一代又一代国人。这些文学艺术创作，饱含着艺术家对古人修筑长城、守卫家园的由衷敬仰，对中华民族奋斗精神的崇高赞颂，以及传承弘扬长城文化的坚定信心。

（三）与时俱进的文化符号形态

文化符号是人类独有的文化表达方式，依靠符号媒介，文化

---

① 宗白华：《美学与意境》，人民出版社1987年版，第270页。

意义得到集中的传达和揭示。在长城文化的深层形态中，物质实体的长城被抽离，符号化的长城，或者说长城意象逐渐明显。今日的长城，既是中华民族的精神象征，也是世界眼中的中国标志。作为与时俱进的文化符号，长城形象的发展经历了漫长的历史，在古人与今人、中国人与外国人眼中，长城有过许多不同的样貌。

西方世界对长城的认知经历了不同的阶段。西方最早关于长城的文字记载可能出现在 4 世纪。古罗马历史学家阿米安·马尔塞林（Ammianus Marcellinus）的《事业》（Res Gestae）曾提及古老东方的赛里斯国被高高的城墙环绕。明中叶后，西方人的长城印象大多来自传教士的记述，一部分传教士有机会目睹长城的雄伟，留下了相对详细的记录。当时的西方人普遍认为，长城是为抵御北方鞑靼人的进攻而建造的。到了清代，西方人实地测绘制作的地图，进一步更新了长城在西方人眼中的形象，"历史悠久"与"工程浩大"成为长城的两个关键词。不过，18 世纪以后，随着清帝国的衰落，长城形象也由正面转向负面，代表着清帝国的封闭与保守。直到 20 世纪，汉学家们的考察活动和研究成果，才真正开始让西方世界认识到长城的重大价值。美国人威廉·埃德加·盖洛（William Edgar Geil）1909 年出版的《中国长城》（The Great Wall of China），首次对长城的起源、修筑过程、建造目的、作用及意义进行了全方面探讨。[①] 此后，在西方人的认知中，长城成了中国印象的重要组成部分，也成了外国游客体验中华文明的重要景点。

相较于西方人眼中的长城，中国语境下的长城意象复杂且深刻得多。当我们将目光聚焦于当代，就会发现文化符号意义上的长城，早已以语词和图像的形式浸入中国人日常生活的方方面面。实体的长城遗产和长城意象构成了长城文化的内涵和外延。

"长城"的词义引申由来已久，并日趋丰富，时常出现于日常修辞之中，比如将《中国民族民间文艺集成志书》誉为"文化长城"，将中国"三北"防护林体系建设工程称为"绿色长城"等。长城的图像元素则更广泛地存在于各式各样的生活、生产环境之中。仅以商标为例，2020年10月7日，在中国商标网上可查询到的含有"长城"字样的注册商标共有3862个，涵盖了国际商标分类的全部45个类目，涉及经济社会的各个领域，如长城汽车、长城葡萄酒、长城瓷砖、长城润滑油等"长城牌"产品。与每个人的日常生活息息相关，遍布中国大地的"长城牌"，已经融化为人们对于中国制造的朴素记忆。此外，人民币也曾多次使用长城

[①] 参见赵现海《近代以来西方世界关于长城形象的演变、记述与研究——一项"长城文化史"的考察》，《暨南学报》2015年第12期。

作为图案标识，长城邮票的发行历史也已有近百年，1990年北京亚运会会徽、2008年北京奥运会开幕式都使用了长城元素。无论是具象还是抽象的设计，长城图像早已是凝固在民众心中的文化符号。

纵观历史我们发现，长城的修筑依托于农耕民族与游牧民族不同的生存环境，保障了中华文明的核心部分，所以孙中山在《建国方略》中说："长城之有功于后世，实与大禹之治水等。"它使得农耕民族与游牧民族的交往融合能够有序进行，沿线形成的关城也成为边贸往来和文化交流的重要场所。近代以来，长城虽然失去其实用功能，但却作为民族精神的象征物深刻参与了之后中国历史的伟大征途。这正是长城文化能够历久弥新的根本原因。

长城文化历经2000余年传承至今，影响和塑造着中国人的思维方式、审美意识和情感表达。今天，我们继承和弘扬长城精神，发掘和提炼长城文化的内涵要义，就是要以当代视野观照长城历史，把握长城精神，关注长城文化的不同形态和侧面。当代视野下的长城、长城精神、长城文化一体多面，作为中华民族的精神象征与今日中国的文化地标，通过丰富多样的形式，持续不断地向世界传达着中华文明的核心价值。

大运河文化论纲

唐嘉 杨秀 李修建

中国大运河，是世界上开凿最早、航程最长的运河，纵横三千里，绵延两千五百多年。大运河沟通京津、燕赵、齐鲁、中原、淮扬、吴越等地域文化，并连接海路，与域外相连。在漫长历史进程中，大运河发挥过极为重大的作用，蕴积出异常丰富多彩的文化形态，培育了中华民族多元统一、包容开放的文化精神。大运河文化，值得我们去深入探析、继承并弘扬。

一、上善若水

水被视为生命和文明之源。世界早期文明，莫不依傍河流发展演进。古埃及的尼罗河、古巴比伦的底格里斯河和幼发拉底河、古印度的印度河和恒河、中国的黄河和长江，皆被视为各文明的母亲河，人类在其中孕育成长。由此，不同的民族和文化，尽管自然环境千差万别，社会形态多种多样，但对水的基础地位都有类似的认知。古希腊哲学家泰勒斯将水视为宇宙的根源，赋予其本体论的地位。古印度以地、水、火、风为构成物质世界的四大元素。北欧神话认为世界诞生于水中，主神奥丁饮用了智慧泉中之水，获得了太初的奥秘。中国哲学，尤其是道家哲学，对水同样给予特别强调，水性至柔而能克制刚强，水善利万物而不争不竞，最好地体现出"道"的哲学意蕴，因此道家高扬"上善若水"。

道家哲学对于水的推崇，基于中国的自然环境以及中国古人的日常经验。中国大部分区域处于北温带和北亚热带，整体而言，气候湿润，四季分明，降水充足，适合生存。黄河、长江两条大河，流经区域达300万平方千米，孕育了中华文明的主体。而以农耕为主的生产方式，对于水有着更深切的认知。

作为自然的产物，水不仅是生命所需，同时具有极强的破坏力。有史以来，洪涝灾害一直是威胁人类生命和财产安全的祸首。大洪水神话存在于众多文化之中，是人类对洪水灾害的集体记忆。《史记·夏本纪》有载："当帝尧之时，鸿水滔天，浩浩怀山襄陵，下民其忧。"滔天洪水浩浩荡荡，所到之处，摧枯拉朽，淹没山川丘陵，毁坏村庄田地，对人类生存造成极大威胁。

人类的伟大之处，在于从来不是被动地接受自然。面对滔滔洪水，不同人群有不同的应对之道，《圣经》故事中是建造方舟避难，中美洲神话中是制作箱子脱险，加拿大的印第安人将独木联成木排求生，印度神话以及诸多民族的传说中借助葫芦存活。大禹治水的故事，则为中国人津津乐道。这一故事无疑反映了上古华夏先民治水的艰苦卓绝历程，以及惊人的毅力和高度的智慧。大禹利用水的特性，采用疏导的方式引流下行，变害为利。可以说，中国古人在围绕水所进行的生存斗争过程中，既发展出丰富的治水经验，更善于利用水为国计民生服务。中国古代，陆路运输主要依赖人力、畜力，手提肩扛，牛拉马驮，运载能力有限，长途运输尤其耗时费力，成本亦高。相形之下，船的运载能力大大提升，借助水运，可以实现大规模运输，尤其是运载一些体量巨大的物品，尽显水运之优势和古人之智慧。

战国末年，秦国实力日益强大。秦国定都咸阳，居地势之要，但都城人口众多，加之这一区域气候干燥，要想养活大量人口，必须利用泾河之水，进行人工灌溉。由于泾河水位较低，无法直接引水。公元前246年，秦王任命韩国水工郑国主持开凿水渠。秦国征调民夫10万人，历时10年，在泾水上游设堰截水，引泾河之水东注洛水，渠长150余千米，灌溉农田号称4万顷，遂使关中成为沃野。秦国并吞六国，实现统一，郑国渠功不可没。

西汉、隋、唐均定都长安，随着人口日繁，关中的粮食生产已不能满足所需。更由于关中地势偏狭，北面的黄土高原不适合耕作，南面的绵延秦岭阻隔交通，遇有饥荒之年，吃饭就成了严重问题。所以在隋唐之世，出现过皇帝"就食洛阳"的尴尬局面。如隋文帝开皇十四年（594），关中大旱，隋文帝率群臣"就食于洛阳"（《隋书·帝纪第二·高祖下》）。而此时的东南地区，在魏晋南北朝之世得到了极大开发，物产丰富，文化发达。如何将南方的粮食运到京师，成为当时的一大问题，这是促成大运河开凿的一个重要原因。

开凿运河的历史由来已久。公元前486年，吴王夫差为北上争霸，开凿了南接长江、北入淮水的邗沟，这是我国历史文献中记载的第一条有确切开凿年代的运河。战国时期，魏国开凿了鸿沟。秦汉及之后，历代均开凿有运河。如秦朝开凿了灵渠，西汉时开凿漕渠、大白渠，曹魏时期开凿有睢阳渠、白沟，吴国开凿破岗渎，两晋时期开凿了浙东运河等。这些运河都是区域性的，规模不大，较为零散，没有形成完整的水运系统。隋朝统一全国后，从隋文帝开皇四年（584）到隋炀帝大业六年（610）20余年间，先后开凿了通济渠、永济渠，重修了江南运河，终于开通以洛阳为中心，北抵河北涿郡、南达浙江余杭的大运河。唐宋时期，基本沿用隋代大运河的体系，后人遂有"隋朝开河，唐宋受益"之说。元世祖忽必烈时期，开凿了济州河、会通河、通惠河等河道，使大运河直接贯通南北，奠定了此后南北京杭大运河的基本走向及规模。[①]

[①] 参见安作璋主编《中国运河文化史》（上册）"序"，山东教育出版社2006年版，第2—3页。

大运河的开通，对于中华民族意义重大。唐朝皮日休在《汴河怀古》中说："尽道隋亡为此河，至今千里赖通波。"它不仅收一时之利，更建万世之功。由于中国的大江大河多为东西走向，在大运河开凿之前，南北交流很成问题。隋唐以后，北方是政治和军事中心，南方成为经济和文化中心，南北并峙，极不利于国家统一与政权稳定。大运河开通后，使南北成一整体，大大促进了南北之间的交流，南方丰富的物产，通过汩汩流淌的运河水道运往北方，南北之间的文化更是沿着运河传播交融。大运河的存在，无疑大大促进了经济的发展、两岸市镇的繁荣、南北文化的交流，以及国家的统一和稳定。

二、运之河

"运"在中国文化中具有重要意义。《庄子·天道》："天道运而无所积，故万物成；帝道运而无所积，故天下归；圣道运而无所积，故海内服。"成玄英疏："运，动也，转也。""运"是天道所以成万物，帝道所以得天下，圣道所以服海内的助力，促进人口、物资、思想、能量在天地间畅通地转动起用，为苍生谋福利。"天地之道，功尽于运化；帝王之德，理极于顺通"（东晋慧远《沙门不敬王者论·体极不兼应四》),"运化"显用,即有"顺通"。

"运"意义的生成,来源于动,《说文解字》:"运,移徙也。从辵,军声。"又,"移,迁徙也。从辵,多声","徙,移也。从辵,止声。"故"运"具"移""徙""迁"义,以动、转[①]为特点,有运动、运行、运度、运转、运通、运载之能,如日月运行、江河运转、车船运载,连接彼此,无所滞碍,周而复始。运,包括了动态的生生不息的过程,应运而生,周流天下,即合"日新之谓盛德","生生之谓易"(《周易·系辞》)。运,进而也有气运、命运、国运之意。大运河之"运"是历史整体之运,指应天运而起,由历代中央政府运筹规划开凿,国家组织船舶运载漕粮与百货,实现南北运通,使江河湖泊互补运转,经济与政治协同运行,将自然气运、生民命运乃至国运连通起来,生生不息,利在世间,功在千秋。

隋唐以降,南北一统,政治中心自西安向洛阳、开封、杭州、南京迁移,但最终北移,定都北京,北方占据重要战略位置,经济上则以农业、手工业发达的江南为重心。宋代已有"当今天下

---

① 《说文解字》:"转,运也。从车,专声。"

根本在于江淮"以及"苏湖熟，天下足"①之说。为实现国家统一调配战略、经济资源，各朝政府主导并出资，征集方案，组织徭役，开凿运河，会合诸水，效法自然，穿山越岭，裁弯取直，创造出南北流向的水道，贯穿东西方向的自然河流，把海、江、河、湖、泊、塘、渠、泉、沟等水系，以舢、船、筏、舟等运载工具，桥、坝、闸、堤等人工助运设施，与沿线市镇、乡村联系起来，开辟区域水网通路，顺势连通国家政治、军事中心与经济、文化中心，实现国家战略规划。以大运河为动脉，物资与人员运行其中，形成了具有生气活力的跨地域政治、经济、文化有机循环体，融合各方优势取长补短，打破疆界与壁垒，突破区域经济局限，进一步加强、巩固了江南与首都的联系，维护、稳固了中央集权。从整个中国历史来看，政治中心发生了自西而东，自南而北的转移。明成祖朱棣迁都北京，意在防御北方少数民族，维护中央集权，后人遂有"天子守国门"之说。运转不息的大运河，平衡了东西，平衡了南北，平衡了天下，维系了中华民族的气运。

自邗沟、通济渠发端，大运河北上南下，沟通东西流向的海河、黄河、淮河、长江、钱塘江，引入沿途邻近鉴湖、射阳湖、

---

① （宋）范成大：《吴郡志》，吴兴张氏《择是居丛书》本。

白马湖、高邮湖、太湖、洪泽湖、白浮泉等湖泊和多种水源，连通甬江、曹娥江、汶水、泗水、汴河、白河、潮河、榆河、沙河等河流，结合自然水域，凿荒越岭，深挖河道，穿行市镇，纵贯长江三角洲、黄泛平原、海河平原、淮河平原，创造出包括浙东运河段、江南运河段、淮扬运河段、通济渠段、永济渠段、中运河段、会通河段、南运河段、北运河段、通惠河段为一体的水路运道，实现南北全线取直；从北向南，大运河途经北京、天津与河北、山东、安徽、河南、江苏、浙江六省，贯通北京、天津、沧州、德州、洛阳、开封、聊城、济宁、枣庄、临清、徐州、宿迁、淮安、扬州、镇江、常州、无锡、苏州、湖州、嘉兴、杭州、绍兴、宁波等城市。大运河将水流与陆地结合在一起，形成立体运通网络，相辅相成，命运相系，衔接南海交通线与东方海上交通线，进而汇合浩瀚的世界水域。

因运相连，承上启下，大运河的水道载着物产运转起来，人流顺着运河通行南北，文化随着运河沿途传播，自然与人文交融，相得益彰。大运河通过运粮、运盐、运货、运兵、运商、运客，保证南北人员物资统一调配，促进各地经济协调发展和文化交流融合，维护中央集权统治的社会秩序。

运河通南北，文明传千年，大运河流经了多个文化区域，不同文化随着大运河传播至各地，促进了相互之间的了解、交往、融会、发展和认同，形成了大运河区域包容并进、多元并存的文化性格，尽显其运化之功。

三、道济天下

（一）水道：会通天下，广济八方

公元前486年开邗沟，沟通江、淮；汉元光六年（前129）穿漕渠，通渭；三国魏黄初六年（225）通讨虏渠；隋初开广通渠，隋大业元年（605）开通济渠，大业四年（608）开永济渠；唐开元二十七年（739）开广济新渠；北宋开宝六年（973）改闵河为惠民河；元世祖中统二年（1261）开广济渠，至元二十六年（1289）开会通河，至元三十年（1293）开通惠河，实现大运河全线通航。南北贯通的大运河上，有广利闸、会通闸、惠济闸、通济闸等调节水流，通运桥、通济桥、永济桥、广惠桥、广济桥、惠济桥、普济桥等连接八方。从"穿漕""讨虏"到"广通""通济""永济""惠民""广济""会通""通惠""通运""广惠""惠济""普济"之命名，展现出运河的功能从最初的漕运和军事，到南北大一统之后执政者一脉相承的政治愿景：广济八方、惠民利生、运通天下。[①]

与漕运功能配套，大运河沿线的码头是货物装卸地点和商品集散中心，丰富了当地的交易，繁荣了周边的经济；大运河沿线的水陆驿站，备有客房、驿马、驿船、马夫和水夫，方便来往运河上的官民客商；在大运河一线的重要城市北京、天津、临清、淮安、扬州、苏州、杭州设钞关，集中征收商货税款，利于统一管理货币、税收系统；大运河航线需大量人力维持运转，为民众提供了更多工作机会，助力解决民生问题。

与灌溉功能相符，早在西汉时期，运河的水源就用于灌溉农田，虽然运河通航时需保证水位而有"保运"之令或致沿途土地、农作物缺水，但当年漕运工作一经完成，往往也要兼顾当地用水。江南沿河的村庄至今仍保持着从运河取水灌溉的习惯。

与运载功能相应，漕船、官船、货船、客船、渔船通过大运河往来，漕米、盐、木材、百货依靠大运河运输；往来南北的行人、客商因有运河而少受颠簸之苦，"自淮安清河经济宁、临清

[①] 这些渠、闸、桥名强调了大运河在通途、惠济方面的作用，江南运河段有升明桥、泰安桥、中和桥，淮安有仁字坝、义字坝、礼字坝、智字坝、信字坝，淮水有福兴闸，运河通州至元大都段有广源闸、文明闸，其寓意一脉相承，以惠民利生、广济天下为标准，实现儒家的大同理想。

赴北京",有云:"向非此河路,则我等于崎岖万里之路,有百技跋行之苦,今乃安卧舟中,以达远路,不知颠仆之虞,其受赐亦大矣。"①

与连通功能相关,运河水系滋润着两岸的城乡,大运河沿线作为粮仓、闸口、中转、驻地和旅行目的地的城市,大多也是经济、文化重镇,宁波、杭州、嘉兴、湖州、苏州、无锡、常州、镇江、扬州、淮安、济宁、临清、开封、洛阳、天津、北京等地,占据优越的地理位置,居于漕运、货运流转中心,城市的地位也因与大运河的关联而凸显出来:宁波是大运河与海上丝绸之路的交汇点;镇江地处大运河与长江交汇处,是江南运河段的交通要道;江南运河与浙东运河经过杭州,为之带来充足的物产;淮安因运河而闻名,也是淮北食盐集散中心,明清设有总督漕运公署,城中建有"钞厅"与"漕盈仓";济宁居"水陆交汇,南北冲要之区","南通江淮,北连河济,控邳徐之津要,振宋卫之咽喉"(清嘉庆重修《大清一统志》),城中曾有200余条街道名称与运河相

---

① 朴元熇校注:《崔溥漂海录校注》,上海书店出版社2013年版,第103页。又:"自江南抵北都,旧无河路,自至正年间以来,始为通路之计。至我太宗朝,置平江侯以治之,疏清源,浚济、沛,凿淮阴,以达于大江,一带脉络,万里通津,舟楫攸济,功保万全,民受其赐,万事永赖。"

关；洛阳曾因通济渠、永济渠的连通而成为水陆交通的枢纽；开封一度水路发达，有汴河、黄河、惠民河、广济河四路通漕；天津位于河运与海运共同的运转地；北京是大运河的目的地，通过大运河运输的漕米、百货等可以直达城内的积水潭。中国民间有"遇水则发，以水为财"之说，水是财富的象征，大运河则促进了财富的流动。大运河沿线，形成了中华经济富裕带。

运河沿线的小镇也因通行而得利，南北航运要道上的杭州塘栖镇、湖州南浔镇、嘉兴石门镇、苏州平望镇、扬州邵伯镇、济宁南阳镇、徐州窑湾镇、宿迁皂河镇、安阳道口镇、淮安清江浦等地，因运河带来商品、聚集人气而兴旺。石门镇位于大运河畔，素称"活水码头"，各处商品在此集散；清江浦因有南河道总督府而繁荣，"清江弹丸之地，旧无声乐，近日流倡数至三千，计每人日费一金，则合计岁费当百万矣。清江民人不耕不织，衣食皆倚河饷"[1]。有运河过境，水通则镇兴。

运河城市以水相连，也因水相隔，桥接通河道两岸，起到了重要的连通作用。大运河水系上的桥数量极多，不仅实用美观，

---

[1]（清）包世臣:《中衢一勺》，载《六府文藏·史部·政书类》，清光绪《安吴四种》本。

而且寓意丰富，苏州有"绿浪东西南北水，红栏三百九十桥"；绍兴有"桥城"之名，具"粉墙风动竹，水巷小桥通"之趣。运河上的各种"名桥"体现了中国古代桥梁工程设计与施工水平，这些不同风格、特点的桥都具有较高的艺术价值：苏州宝带桥有五十三孔连拱，形似宝带；嘉兴长虹桥三孔实腹，形似长虹，有长虹卧波之势；杭州拱宸桥三孔驼峰，似拱手相迎；塘栖广济桥七孔实腹；绍兴八字桥跨越三河，沟通四路，状如"八"字。更有无锡清名桥，苏州灭渡桥、通利桥、朱马交桥等，不仅造型优美，还将故事传说与桥本身结合在一起，在通行功能之上，融入并寄托着美好的情感、愿望与祝福。

大运河水道贯通、治理及维护的过程，体现了中华民族普济各方的信心、克服一切困难的决心、改造自然的智慧、日复一日的耐心和直面艰难险阻的无畏，最终实现会通天下、广济八方的理想，安四民于各地，显仁心于天下。

（二）商道：市井气质，俗雅杂陈

大运河最为显性的功能，在于运输货物与商品，某种程度上可以说，大运河是一条商业之河。日本汉学家宫崎市定认为，中国从宋代开始，由"内陆中心"一变而为"运河中心"。他提到：

"大运河的机能是交通运输,所谓运河时代就是商业时代。"[1]

大运河像一条大动脉,不仅连通起了南北和全国各地,更通过水系与陆地丝绸之路和海上丝绸之路联系起来:"天下诸津,舟航所聚,旁通巴、汉,前指闽、越,七泽十薮,三江五湖,控引河洛,兼包淮海,弘舸巨舰,千轴万艘,交贸往还,昧旦永日。"(《旧唐书·崔融传》)南北乃至域外的各色物产,各种"南货""广货""洋货"借助运河输送到沿途各地。

漕运官船,无数民间商船、货船和客船,日夜穿梭于大运河水道之上,巨量的人流与物流催生了庞大的餐饮、住宿、娱乐、仓储、搬运、商品交易等多方面的市场,城市之间借助运河连通之利极大地推动了商品贸易,形成了立体的商业网络,商机勃发。大运河文化即依托这一商业交通线而兴,并形成其特有的市井气质。

市井乃商品交易之所,关于"市井"一词,《管子·小匡》中说"处商必就市井";唐人释曰:"立市必四方,若造井之制,故曰市井。"(尹知章《管子注》)在大运河沿线,众多市镇乘势而

---

[1] [日]宫崎市定:《东洋的近世》,载刘俊文主编《日本学者研究中国史论著选译》第一卷,黄约瑟译,中华书局1992年版,第170—171页。

起，大量城市成为商业中心，如杭州、扬州、苏州、常州、开封、临清、天津等，八方辐辏，商旅云集。处于运河网络中心的北宋汴京开封，人口曾达百万之巨，时人感叹"人烟浩穰，添十数万众不加多，减之不觉少"（孟元老《东京梦华录·民俗》）。宋代张择端的《清明上河图》描绘了汴河周边的商业盛况，河岸店铺连缀，茶坊酒肆、勾栏瓦舍鳞次栉比，贩夫走卒、行人商客摩肩擦踵，繁盛至极，热闹至极。

从日用百货到奇珍异品，从时蔬瓜果到山鲜海味，从丝麻竹木到金银铜铁，四海之内的财物在运河商业中心城市里流通，带动了城市的发展。杭州商业繁荣，"大抵杭是行都之处，万物所聚，诸行百市，自和宁门权子外至观桥下，无一家不买卖者"（吴自牧《梦粱录·团行》）；"杭城大街，买卖昼夜不绝，夜交三四鼓，游人始稀，五鼓钟鸣，卖早市者又开店矣"（吴自牧《梦粱录·夜市》）。城内"自大内和宁门外，新路南北，早间珠玉珍异及花果时新海鲜野味奇器天下所无者，悉集于此；以至朝天门、清河坊、中瓦前、灞头、官巷口、棚心、众安桥，食物店铺，人烟浩穰。其夜市除大内前外，诸处亦然，惟中瓦前最胜，扑卖奇巧器皿百色物件，与日间无异。其余坊巷市井，买卖关扑，酒楼歌馆，直至四鼓后方静，而五鼓朝马将动，其有趁卖早市者，复起开张。无论四时皆然"(耐得翁《都城纪胜·市井》)。博彩处、酒楼、歌馆丰富了杭州的夜生活，市井之中百货陈列，昼夜四时买卖兴旺。

与杭州相似，扬州、苏州、无锡、嘉兴、济宁等运河沿线商业发达城市均显现出"市井繁阜"、"商贾辐辏"、贸易活动昼夜不休的特点，形成大运河流域特殊的商业模式。扬州城内店铺林立，由水路、陆路运来的货物汇集于此，所谓"东南繁华扬州起，水陆物力盛罗绮。朱橘黄橙香者橼，蔗仙糖狮如茨比"，"一客已开十丈筵，客客对列成肆市"(孔尚任《有事维扬诸开府大僚招宴观剧》)。城内从早到晚都有商业交易，成为"十里长街市井连""夜市千灯照碧云"的"不夜城"。大运河交通要道上的嘉兴，南宋时"北门月河一带商业兴盛，居民四附，形成市井。明清时期，月河街区达到全盛。清末至民国时期，从中街、殿基湾、猪廊下、烟作弄、任家弄、官弄、居仁里、救火弄、糕作弄、蒲鞋弄、水弄、坛弄、宝元弄等这些旧街名，可以反映出商业与民居相杂的特点"[①]。明清时期的济宁，位于运河的交通枢纽，人烟稠密，经济发达，停靠等候过闸的南北船只多聚于此，"商贾之踵接辐辏者亦

[①] 全国政协文史和学习委员会、政协浙江省嘉兴市委员会编：《运河名城：嘉兴》，中国文史出版社2015年版，第192页。

不下数万家",成为"舟车临四达之衢,商贾集五都之市"(清雍正《山东通志》),可谓"日中市贸群物聚,红甗碧碗堆如山。商人嗜利暮不散,酒楼歌馆相喧阗"(朱德润《十月初五日泊齐州飞虹桥》)。城内顺河向的街衢、小巷极多,被誉为"江北小苏州",时谚云:"济宁州,街巷稠,平房瓦屋木架楼。岸边码头人熙攘,处处笙歌醉酒楼。"道光年间,济宁商号计千余家,百物聚处,客商往来,南北通衢,不分昼夜,成为运河沿线的七大商埠之一。商业运作不分昼夜的特点改变了从业者的作息,人口聚集的商业中心城区产生了与中国传统农耕文化"日出而作,日落而息"不同的生活方式,城外也有如"北关夜市"、长安镇闸塘湾的夜间米市、济宁南阳镇"南阳夜市"等"夜市"效仿,创造了更多的"商机"。百物聚处,人潮涌动,八方商客,纷至沓来,运河边繁华的城镇灯火通明,各色商品在市井里交易,商铺、食肆、酒楼、歌坊为南来北往的人群提供了多元的服务,买卖双方各得所需,钱货两清。

商业对利润的追求推动了贸易交换,带动了城市扩张、人口增长,促进了手工业、娱乐业发展,加速了农耕社会转型。苏州丝织业遍及城邑,"绫绸之业,宋元以前,惟郡人为之。至明熙、宣间,邑民始渐事机丝,犹往往雇郡人织挽。成、弘以后,土人亦有精其业者，相沿成俗，于是盛泽、黄溪四五十里间，居民乃尽逐绫绸之利"（《吴江县志》）。明代临清手工业生产极具规模，城中81条街巷，以手工业命名的就有31条。大运河沿线手工业发达的大小城镇不胜枚举。丝绸纺织、陶瓷、印刷、酿造、竹木加工、皮毛加工等多种门类在大运河沿线成长壮大。

依赖运河谋生的人群，包含多个社会阶层，其言语行事、志趣好尚多趋近世俗理性、饮食男女及现世幸福观，那些应运而生、满足其精神需求的众多文化产品，亦皆具大众性和通俗性，轻松活泼，俚俗有趣，透出浓郁的市井气息。活跃于勾栏瓦舍中的戏曲、说唱等艺术形式最为典型，例如开封东角楼街巷娱乐业发达，"街南桑家瓦子，近北则中瓦，次里瓦。其中大小勾栏五十余座。内中瓦子、莲花棚、牡丹棚、里瓦子、夜叉棚、象棚最大，可容数千人。自丁先现、王团子、张七圣辈，后来可有人于此作场。瓦中多有货药、卖卦、喝故衣、探搏、饮食、剃剪、纸画、令曲之类。终日居此，不觉抵暮"（孟元老《东京梦华录·东角楼街巷》）。临水的游艺场所瓦子最大的可容数千人，其文娱形式丰富多样，如杂剧、说书、傀儡戏、杂技、唱曲、讲笑话、马戏等，不可胜数。这些表演深受百姓喜爱，"不以风雨寒暑，诸棚看人，日日如是"（孟元老《东京梦华录·东角楼街巷》）。活动于勾栏瓦舍中的戏曲、说唱等艺术丰富了世人的生活，市井中的表演艺术，承担的一个重要功能就是"解闷"，让百姓在辛苦劳作之余，开怀一笑，得以休息。清朝中后期，济宁的土山是著名演艺场所，时人有谚云："太白楼、进德会，压不过大桂、二桂和黑脆"；"土山上的茶馆数不清，不如汪麻子喊两声"；"要想解闷胸怀开，去听张善养说聊斋"；"老咬口的干饭，道门口的粥，茹小辫的扬琴翟教寅的吼"。据统计，明清两代小说多出自运河流域作家之手，"三言二拍"、《金瓶梅》等经典作品，更是淋漓尽致地展现了大运河文化的市井风貌和气质。

商业营利的目标要求市场满足不同人群的需要，既有"瓦子"供民众消遣，也有茶楼、青楼、戏船等处所提供服务。富商大贾多喜与文人交往，谈论文学、吟诗作画、听曲观舞、弹琴品茗，追求品质和高雅，并且积极资助本地文人，赞助各类文化活动[①]，成为文化事业的推手，"扬州八怪"扬名即有商人之功。徽商、赣商、粤商、湖广商在扬州与本地商人共同经营，得利后多喜营造园林，尤以乾隆"南巡"前后为盛。"扬州的建筑是北方的'官式'建筑与江南民间建筑两者之间的一种介体。这与清帝'南

---

① 如扬州淮商建安定、敬亭书院，徽商马曰琯出资修缮梅花书院，盐商供给书院学生膏火银。

巡'，四商杂处交通畅达等有关。"[1] 商业带来的高额利润吸引着社会各界，宋时"江淮间虽衣冠士人，狃于厚利，或以贩盐为事"（李焘《续资治通鉴长编》卷一九六），士人、农民皆有从事商业之举，商人家族也通过科举、捐官等方式改变社会地位。

"天下熙熙，皆为利来；天下攘攘，皆为利往。"商业以逐利为目的，大运河文化以其浓郁的市井气质和商业属性，使其有别于传统中国的农耕文化和士人文化。农耕文化以自给自足的小农经济为基础，其特点是尊亲敬老，注重礼仪，崇尚节俭，安土重迁，思想上趋于封闭保守，随遇而安，缺乏创新意识。士人文化大多儒道兼综，出入经史，注重德行之修养，追求内心之逍遥，以琴棋书画为伴，崇尚高雅的审美趣味。商业文化则大异其趣，商业重利，因应市场所需，必须灵活机动，从事商业需要游走四方，广开财路，所以其文化更为开放，更具冒险精神。

三种文化并非针锋相对，反而有效互补，为彼此带来新的活力。运河一线的商业文化在发展过程中即融会了士人文化与农耕文化，如临清地处鲁西平原，元代以前，"家习儒业，人以文鸣，农桑务本，户口殷富"（清康熙《临清州志》），运河带动临清商业

---

[1] 陈从周：《扬州园林与住宅》，《社会科学战线》1978年第3期。

发展后，传统儒学思想也成为临清商业文化的底色之一。清雍正年间编修的《山东通志》中记载："临清州，俗近奢华而有礼，士虽务名而有学。文教聿兴，科第接踵，衣冠文物甲于东方。"商业文化与士人文化之间良性互动，商业发展带动财富增长，士人文化助成礼仪风范。宋室南迁，士人顺运河南下定居沿岸宜居地，将雅致的生活方式带到彼处，影响当地风气，如乌镇多有士大夫迁居，茅姓、颜姓成为当地的望族，其地"负贩之广，耕桑之勤，又日盛一日。且士知向学，科贡有人，民知尚义，输赈多室，缙绅士夫摩接街市，民风土俗一变而为富庶礼仪矣"（清康熙《乌青镇志》）[1]。受士人文化影响，市井贩夫经商谋生，亦能向学慕道，富而知礼。

大运河商业文化以市井气质为底色，带有俗雅杂陈的特点，融会了农耕文化和士人文化。农耕文化和士人文化作为中国传统社会的主流文化，有效地调节了商业文化，以礼节之，以文化之，以义感之，使其富而知礼，义利兼顾，从而保障了中国社会的良性运行。

---

[1] 转引自全国政协文史和学习委员会、政协浙江省嘉兴市委员会编《运河名城：嘉兴》，中国文史出版社2015年版，第198页。

除了商业属性和市井气质的特点，以及各阶层文化的互补之外，大运河文化还体现了不同地域之间文化的并存与融合。

（三）世道：多元交融，兼包并蓄

大运河流经区域构成了一个宽阔绵长的文化带，各区域的文化本来截然不同，地方特色明显，十里不同风，百里不同俗。如京津文化与吴越文化，燕赵文化与淮扬文化，在空间上分立南北，语言、饮食以及文化的各个方面，皆差异极大。在运河开通之前，它们相对隔绝，交流甚少。运河开通后，各地文化随着运河上南北辐辏的船舶、熙来攘往的人烟，传播流布，互通有无。有的文化在沿途落地生根，开枝散叶，与原有文化彼此映照，形成多元杂糅的热闹场景；有的文化与原有文化交合融汇，生成新的文化景观。

天南地北的种种物产沿大运河输送到各地，也促进了各地文化的交融，潜移默化地改变了沿线区域旧日的生活习惯。以茶叶为例，魏晋南北朝时期，南方已有饮茶之风，北朝则不好此道。南齐王肃投奔北魏，因好饮茶，北人视为咄咄怪事，送他一个外号"漏卮"，贬其为"苍头水厄"。大运河开通后，到唐代中后期，饮茶之风盛行北方，遍披民间。唐人封演在其《封氏闻见记》中提到:"自邹、齐、沧、棣,渐至京邑城市,多开店铺,煎茶卖之,不问道俗,投钱取饮,其茶自江淮而来,舟车相继,所在山积,色额甚多。"北方对茶叶的需求大增,江淮之茶沿着京杭大运河源源不断运送过来,进一步促进了饮茶的风行。与之相应,明代饮茶之风传至济宁,明清时济宁运河两岸茶行林立,成为鲁西南最大的茶叶集散地。

民以食为天,商家为满足南来北往顾客的需要,调制百味,使运河沿线的美食融合各地的特点,创造出杂糅、调和的口味。隋唐之前,扬州饮食的基本风格朴素清淡,与其他地方并无太大差异。运河开通之后,扬州成为交通枢纽,城市经济繁盛,各地食物纷至沓来。乘运河之便利,扬州得以采各地原料,聚各地厨艺,造就了淮扬菜选料严格、制作精细、讲究火工、擅长炖焖、注重刀工、造型雅致、注重本味的精致风格。再有,齐鲁饮食有重味、讲和、守正的传统,运河区域的山东鲁菜选材与口味受到了山陕商人的影响,吸纳了扬州富商宴席喜上燕窝、参汤的方式,把燕窝、鱼翅等作为鲁菜高档食材使用,提炼出"适中调和"的烹饪理念,体现了运河文化融会的特点。《金瓶梅》书中对名目繁多的菜点、果品和茶酒的描写,正是明代城市饮食文化高度发展的真实再现,同时也是山东鲁西运河码头饮食的典型写照。[①]这种吸收、融合、创新、多元的饮食特点,也体现在其他运河城市的饮食中,如天津菜既融合了淮扬菜和鲁菜的特点,又有自己的特色。

大运河上的客商行人,南来北往,五方杂处。所谓"天涯同此路,人语各殊方",人们操着各种各样的方言,为了能够交流沟通,语言便发生传播与融会。有学者指出,在中国历史上,汉语方言的传播总体上是一个"北方化"的过程,但明代以后,江淮方言词逆向传播,影响了京师地区,运河及其沿岸陆路正是江淮方言词北上的最重要的通道。比如山东、河南与江苏运河沿线地区的方言存在着明显的影响关系,其语言的声母、韵母和词汇方面存在着一些共同特征,形成了大运河沿线地区的通用语言。

大运河沿线的民俗信仰及相关祭祀活动,是大运河文化的重要组成部分。成化七年(1471),"夏四月,京师久旱,运河水涸。癸酉,遣使祷于郊社、山川、淮渎、东海之神"(《明史·宪宗本纪》)。伴随着人口流动,不同信仰在各地区间传播,汇聚在大运

[①] 参见刘德龙、李志刚、赵建民《鲁菜文化的历史源流》,《民俗研究》2006年第4期。

河沿线。人们不仅信仰人格神，也信仰镇水神兽"九牛二虎一只鸡"，体现了信仰的实用性、多元性。在运河的水神信仰中，北方的神灵金龙四大王信仰通过官方敕建庙宇、颁发匾额、赐予封号等形式传播到南方，以"捍御河患、通济漕运"为诉求，"北方河道多祀真武及金龙四大王"[①]，"江淮一带至潞河，无不有金龙四大王庙"[②]。从福建乘水而来的妈祖信仰，作为海运与河运航行的保护神遍及大运河沿线，得宋元赐予封号，经江浙沿运河向北传播，融会了海漕与河漕的特点，也体现在天津祭祀妈祖的仪式中。通州有始于明代的"开漕节"，在春季"祭坝"仪式后，漕船、商船才开始通行。大运河各段保存着多处与各种信仰相关的物质文化遗产与非物质文化遗产：盘古祠、伏羲庙、捷地石姥姆座像、天后宫、吕祖堂、关帝庙、龙王庙、河神庙、水仙庙、火神庙、财神庙、清真寺、基督教堂、天主堂、佛寺等，有的还在继续使用，接受人间香火供奉。它们源自不同地域，辗转传播，而落脚、汇聚于大运河沿线。

"来百工"，"来远民"，大运河上有往来各地的官员、水手、漕丁、商人、平民，大运河沿线城市充斥着本地人和异乡人，富

---

① （明）谢肇淛：《五杂俎》卷十五，明万历四十四年潘膺祉如韦馆刻本。
② （清）赵翼：《陔余丛考》卷三十五，清乾隆五十五年湛贻堂刻本。

庶的运河城镇吸引着不同背景的异乡客在这片土地安家。人们纷纷在运河城镇建造住宅，带来了家乡的建筑技术、雕刻技艺、绘画艺术、民间信仰、生活习俗，将各地文化有意或无意地引入运河区域文化中，于是各具特色的建筑在运河城市里争奇斗艳。扬州盐商汪鲁门宅、卢绍绪宅保持了中国传统木石结构与雕刻技艺，湖州张氏旧宅呈现中西合璧风格。人们把对家乡美好的怀念和对未来的期许融入触手可及、随处可见的建筑物中。大运河一线大小城市里，官署、会馆、民宅、园林、码头、渡口、寺庙、道观、教堂、清真寺等各具风格，共同创造着大运河建筑文化，又与雕刻、壁画、书法、楹联、器物等结合，构建出空间之美，艺术与自然交相辉映，丰富了大运河沿线的文化风貌。

戏曲的繁荣更与运河密不可分。元大都的杂剧曾盛极一时，元末北方经济衰落，杂剧艺人纷纷沿运河南下，活跃于淮安、扬州、建康、苏州、松江、杭州、湖州等地。剧作家关汉卿、马致远、白朴等人亦曾游历南方。明代，昆曲大放异彩，昆曲艺人沿着运河不断北上，昆曲开始流行于京师。清乾隆年间，四通八达、富甲天下的运河重镇扬州成为南方戏曲中心，一时群英荟萃，聚集了当时最为优秀的艺人和丰富多样的剧种。徽班艺人常来扬州演出，秦腔、弋阳腔、梆子腔、罗罗腔、二黄调等地方戏亦活跃于扬州舞台，可谓昆乱并存，花雅竞奏。

  文化的传播从来不是单向行为，文化的接受也并非全然被动，接受者往往加以过滤与吸收，融入自身特色，使其呈现别样风貌。比如，皮影戏自宋室南迁后传入桐乡，与海塘盐工曲和海宁小调相融合，配以笛子、二胡等江南丝竹乐器，将唱词和道白改成当地方言，用于婚嫁、祝寿等场合。再比如，昆曲传入北方后，受到北方地域文化及审美情趣的影响，风格中增加了豪放刚健。多种文化相遇，常会取长补短，互鉴交融，而成一新的文化形式，京剧亦是如此。乾隆五十五年（1790），为给皇帝庆寿，进京戏班众多，阵容强大。三庆徽班沿大运河北上进京，演出颇受欢迎，此后四喜、春台、和春等徽剧戏班相继沿运河来到京城，他们吸收汉调、秦腔、昆曲、梆子等戏曲之精华，创出一种新的声腔，历经发展，形成被视为国粹的京剧。

  顺流而下，逆流而上，装点乡愁，满载叮咛，在这条命运之河上，无数的人和故事因大运河而交织在一起，谱成壮丽的乐章：皇室南游，官员履职，使团朝贡，僧侣布道，商人牟利，诗人抒怀，运河的波光里倒映着春风得意的士子、怀揣希望的异乡人、踌躇满志的商帮、老病归乡的远游客，中国人和外国人在运河上往来同行，运河也将中国与世界更为紧密地联系起来。

从南到北的大运河，通往帝京，这是漕运之路、朝贡之路，也是仕宦之路、名利之路。在这贯穿南北的文化廊道上，世情由此展现，保存在书法、绘画、诗文、戏曲、小说、杂记中：船工号子、河工竹枝词记录了劳动者的悲欢；微山湖唢呐、端鼓腔、拉魂腔唱响了故人的情怀；昆曲、京剧、京东大鼓、天津快板、聊城八角鼓、梁山枣梆、江苏梆子戏、徐州琴书、扬州清曲、苏州评弹、锡剧、皮影戏的曲调婉转高亢，唱出人世间喜怒哀乐；《清明上河图》描绘了运河两岸的商业场景；《济河论》书写了名臣的治河心得；《北京纪行》《南归纪行》《老残游记》记录了沿运河游历的体会；《四女寺的传说》《临清运河铁窗户的传说》《水浸泗州的传说》等民间传说传递了运河边世人纯朴的感情；"三言二拍"及《金瓶梅》《红楼梦》《水浒传》《西游记》等小说名著，淋漓尽致地展现了运河城市生活的市井风貌，演绎了江南的繁华多情、京城的恢宏壮阔，宣扬了忠孝节义、善恶报应的价值观，展现了中国人对美好生活的向往。

在这条运河水道上，无数风云人物留下了长存的身影，鉴真东渡日本，郑和南下西洋，马可·波罗游历中国，日本遣明使策彦和尚、朝鲜官员崔溥、欧洲传教士利玛窦、英国访华团成员安德森也都留下了足迹，胡乐、胡舞、仙鹤舞在运河流域起舞，儒家文化、道家文化、佛教文化沿着运河传播。

大运河调节着天道与人道、中央与地方、社会与个人、精英与大众、义与利、商业与农业、城市与乡村、中国与海外的关系。大运河文化的多元交融、兼容并蓄的形态，作为大运河文化的整体特征，典型地体现出中华文化多样并存、丰富多彩和充满生机的内涵。

结　语

我国开凿运河的历史悠久，在千余年的历史时空中，大运河都承载着重要的政治、军事、经济和文化功能，促进了中华民族大一统的格局，也推动了沿线区域的文化的交流、发展和繁荣。晚近以来，南方运河漕运功能减弱，北方部分河道断流断航。大运河成为中国以及全世界的宝贵遗产，2014年6月22日，大运河成功入选世界文化遗产名录。作为文化遗产的大运河需要我们认真审视，挖掘其蕴含的丰富内涵与多重价值，发挥其新时代的文化职能。

大运河是流动的活态的文化，是中华民族奋斗精神和集体智慧的结晶。大运河遗产主要包括各河段的典型河道段落和重要遗产点。大运河沿线8省（市）水工遗存、运河故道、名城古镇等物质文化遗产超过1200项，其中河道遗产27段，总长度1011千米，遗产点58处，沿线拥有23座国家级历史文化名城及为数众多的历史文化名镇、名村和文物保护单位。大运河在开凿过程中，创造了众多领先世界的水利技术，比如宋金时期双门船闸的布局与运用，比欧洲早400年；运河沿线林林总总的堰、埭、堤、坝、闸、水城门、纤道、码头等工程遗存，无不体现古人因势利导、因地制宜的科学意识与高超的技术水平。与航运配套的仓窖、衙署、驿站、行宫、会馆和钞关等设施与管理制度也自成体系，值得后人研习与借鉴。

除了上述数量可观的水利设施、遗址以及技术和管理等方面的文化遗产外，运河沿线及其辐射区域的非物质文化遗产更是不可胜数。截至目前，运河沿线拥有国家级非物质文化遗产450余项，是中华优秀传统文化高度富集的区域。运河沿岸的民间传说、十里红妆婚俗、蚕桑生产习俗、水神信仰、传统节日等丰富的民俗文化还活跃在运河人家的记忆里、生活中。

大运河作为庞大的文化网络，承载着中华民族悠久的历史和文化记忆，塑造了中国文化的品格与气质，丰富了沿线人民的日常生活，增强了城市间的交往和互利，联通了地方与世界。大运河文化遗产的保护、利用，必须建立在全面认识其遗产种类和价值的基础上，本着可持续发展的理念，结合新的时代需求，借用现代科技手段，科学有序地进行。如筹建大运河国家文化公园，这是一个覆盖面广、跨度大的综合性文化工程，也是满足群众精神文化需求的重要的公共文化服务体系建设项目。对于这项体量庞大的文化遗产，需要在统揽全局的基础上，分批次、分区段开展试点工作。

经过多年的保护、发展实践，已经对大运河全线多种文化遗产进行数字化记录；对重要的标志性文化进行深入挖掘；设计大运河文化遗产的统一标识；建立数字博物馆和实体博物馆，综合展示运河文化的发展历程和丰富遗存；为民众营造适宜散步、小憩的休闲区和健身区，引导人们参与到运河航船游和两岸游等多种方式的游览中，领略运河风光，带动旅游服务业的发展。当然，从富民的可持续发展角度考虑，还需继续发挥运河沿岸农副渔产品等各种物资的运输流通功能，实现"一产+三产"的融合。

围绕大运河文化遗产，有若干领域及细节值得研究、挖掘，也有很多资源可供当下再利用。这项工作本身也是一个长期的、需要科学规划的系统工程。需要让更多的力量参与到运河文化的保护与发扬中，让民众认知并共享大运河丰富的文化资源，增强文化自信与民族自豪感。

长征精神论纲

杨娟 李静 秦兰珺 鲁太光

引　言

1934年10月，中央红军（红一方面军）离开中央苏区，开始大规模战略转移。随后，红二、四方面军和二十五军，也离开各自根据地，进行战略转移。1936年10月，红军三大主力在甘肃会宁会师，伟大的长征胜利结束。在两个寒暑、700多个日夜里，红军纵横15个省份，跨越近百条江河，攀越40余座高山险峰，征服皑皑雪山，穿越茫茫草地。在中央红军二万五千里、各路红军总计六万五千余里的征途中，红军始终处于十倍于己的国民党军队的围追堵截中，遭遇的战斗有600多场，平均每三天就发生一次激烈的战斗，处境险绝。红军将士以自己坚定的脚步、非凡的智慧、满腔的热血和崇高的理想，书写了一部壮阔的中华民族史诗，向全世界展示了人类精神的新高度。

长征胜利，实现了中国共产党和中国革命事业从顿挫走向辉煌的伟大转折，翻开了中华民族伟大复兴历史进程的崭新篇章。在纪念红军长征胜利80周年大会上，习近平总书记指出，长征留给我们的最宝贵的精神财富就是"中国共产党人和红军将士用生命和热血铸就的伟大长征精神"。作为中国共产党人红色基因和精神血脉的重要组成部分，伟大的长征精神已融入中华民族的血液和灵魂，成为鼓舞和激励中国人民不断攻坚克难、赢得胜利的强大精神动力。在每一个历史阶段，尤其是历史转折的关键时刻，都给我们以强大支持。

实现中华民族伟大复兴是近代以来中国人民最伟大的梦想。今天我们比历史上任何时期都更接近实现这个梦想。但正如习近平总书记在党的十九大报告中所谆谆告诫的，"行百里者半九十。中华民族伟大复兴，绝不是轻轻松松、敲锣打鼓就能实现的。全党必须准备付出更为艰巨、更为艰苦的努力"。在这样的历史阶段，联系当前的世情、国情、党情，回望那段激越的革命长旅，可谓正当其时。

一、长征：伟大的中华民族史诗

要准确理解长征精神的丰富内容，需要首先了解长征的历史进程。

由于第五次反"围剿"斗争的失败，中央红军被迫实施战略转移。1934年10月10日晚，中共中央、中革军委率领第一、第二野战纵队，分别由江西省瑞金县的田心、梅坑地区出发，向于都河以北地区开进。蒋介石调集26个师、30余万兵力，设置四道封锁线，企图歼灭中央红军。在"左"倾冒险主义军事指挥下，红军在突破四道封锁线，特别是湘江血战中折损大半，红军从出发时的8万余人锐减到3.5万人左右。为改变这一极端被动的局面，毛泽东、周恩来、朱德、王稼祥、洛甫（张闻天）等党和红军领导人经过通道会议、黎平会议、猴场会议，特别是遵义会议，逐步确立了毛泽东在党和红军中的领导地位，恢复了正确的军事路线。红军四渡赤水、夺取娄山关、二占遵义城、南渡乌江、威逼贵阳、进军云南、巧渡金沙江、强渡大渡河、飞夺泸定桥、翻越夹金山，1935年6月，到达四川西北的懋功地区，与红四方面军胜利会师。此后，中央政治局决定恢复第一方面军番号。8月下旬，第一、四方面军混编为左右两路军，进入茫茫草地。但进至四川巴西和阿坝地区，张国焘拒绝北上，主张南下，并企图危害中央。9月11日，中共中央率领红一、三军和军委纵队单独北上。经连番血战，于10月19日到达陕甘苏区吴起镇，与西北红军和红二十五军胜利会师。中央红军历时一年，转战11省，长达二万五千里的长征胜利结束。

　　为全力配合中央红军长征，1934年10月，红二、六军团主力会合，向湘西进发。其湘西攻势持续了两个月，调动和牵制国民党军11个师2个旅，有力地配合了中央红军在湘黔的行动。从

1935年初开始，国民党纠集湘鄂两省11万兵力，发动"围剿"。从2月到8月，红二、六军团作战30余次，毙敌伤敌万余人，部队扩大到2.1万人。从9月开始，蒋介石再次调集130多个团，20余万军队，展开新一轮"围剿"。11月19日，红二、六军团从湖南桑植的刘家坪出发，开始长征。历经辗转回旋，1936年4月红二、六军团强渡普渡河、过金沙江、翻玉龙雪山，于7月1日在四川甘孜同红四方面军会师。7月5日，中革军委命令红二、六军团和红三十二军组成中国工农红军第二方面军。7月11日，红二方面军从甘孜东谷出发北上。10月22日，红二方面军与红一方面军在宁夏将台堡会师，胜利完成长征。

为策应中央红军北上，1935年3月底，红四方面军自陕南回师川北，开始长征。为贯彻川陕甘战略方针，打破国民党的"川陕会剿"，红四面军发起嘉陵江战役。从3月28日至4月21日，红军歼灭敌军12个团，占领阆中、北川等8座县城，控制了纵横两三百里的地区。1935年6月，红四方面军同中央红军会师后，张国焘率领左路军东进到阿坝后，擅自改变北上计划，再次南下。在党中央和共产国际一再电令下，1936年2月初，红四方面军开始向西北转移。7月1日，红四方面军与红二、六军团在四川甘孜会师，共同北上。10月，红二、四方面军到达甘肃会宁，与红一方面军会师。

红二十五军的长征亦艰难曲折。1934年11月16日,在鄂豫皖省委书记徐宝珊、军长程子华、政委吴焕先和副军长徐海东率领下,近3000人的红二十五军告别大别山地区,从河南省罗山县何家冲出发西进,一路粉碎了国民党军队两次"围剿",建立了鄂陕、豫陕两个特委和五个县工委,以及鄂陕边区苏维埃政府,这是红军长征途中创建的唯一根据地。1935年8月3日,红二十五军进入甘肃,随即翻越麦积山、攻占天水城、过渭河、破秦安、逼近静宁,配合了红一、四方面军的行动。9月15日,红二十五军到达延川县永坪镇,与西北红军第二十六、二十七军会师,是长征到达陕北的第一支红军队伍。[①]

这就是长征的概况。正是这场艰苦卓绝的伟大远征成就了伟大的长征精神。

二、各个时代对长征精神的阐发

长征精神是在红军长征过程中形成的。随着长征胜利,这种

---

① 参见中共中央党史研究室第一研究部编著《红军长征史》,中央党史出版社、万卷出版公司2006年版。

精神得到及时总结和提炼,成为支持中国革命的强大动力。中华人民共和国成立后,社会主义建设和改革次第展开,在每个阶段,长征精神都得到了与时俱进的阐发,焕发出新的光彩,成为砥砺中国人民前进的强大动力。

(一)与伟大征程伴生的精神资源

长征最初并未形成统一的称谓。随着战略转移的推进,"长征"一词才被提出并逐渐固定下来。一般认为,1935年5月,《中国工农红军布告》是革命文献中第一次用"长征"这个词来指代1934年10月起的这场战略转移。[1] 以中共中央名义正式确立"长征"概念,则出现在同年11月13日发布的《中国共产党中央委员会为日本帝国主义并吞华北及蒋介石出卖华北出卖中国宣言》中。[2]

如果说,使用"长征"一词是为了找到恰切的语汇来描述这场伟大征程,那么,经由毛泽东阐发,"长征"一词则真正获取了自身的历史能量与精神意涵。

---

[1] 参见丁晓平《世界是这样知道长征的:长征叙述史》,中国青年出版社2016年版,第4页。
[2] 参见王建强、许秀文《"长征""万里长征""二万五千里长征"的由来》,载《铁流二万五千里——长征》,中共党史出版社2011年版,第144—148页。

伴随着"长征"概念扎根,对长征精神的阐释也逐渐拥有其内在生命与丰厚肌理。1935年10月,一首《七律·长征》以汪洋恣肆的笔触,抒写了毛泽东的旷世豪情。随后的12月27日,毛泽东在瓦窑堡会议上做了名为《论反对日本帝国主义的策略》的报告,进一步阐释了长征的历史意义:"长征是历史纪录上的第一次,长征是宣言书,长征是宣传队,长征是播种机。自从盘古开天地,三皇五帝到于今,历史上曾经有过我们这样的长征吗?十二个月光阴中间,天上每日几十架飞机侦察轰炸,地下几十万大军围追堵截,路上遇着了说不尽的艰难险阻,我们却开动了每人的两只脚,长驱二万余里,纵横十一个省。请问历史上曾有过我们这样的长征吗?没有,从来没有的。"[①] 这既是对长征意义的凝练与总结,也是当时关于长征精神的共识。

红军到达陕北后,旋即被重重困难包围,还遭遇国内外诸多谣言与污蔑。因此,自1936年春天起,红军便开始酝酿向长征亲历者征集个人日记、回忆录等,以便向世界宣传长征真相,争取更多外部援助。然而,由于上半年战事紧张,这一筹划被搁置下

[①] 毛泽东:《论反对日本帝国主义的策略》,载《毛泽东选集》第一卷,人民出版社1991年版,第149—150页。

来，直到美国记者埃德加·斯诺到访，征集长征史料的工作才真正提上日程。1936年8月5日，毛泽东与杨尚昆联名致函长征亲历者，号召撰文回望，并建议编印《长征记》一书。截至10月底，红军政治部共征集到200多篇文章，计50余万字，最后于1942年精选出百余篇，定名《红军长征记》，以"内部资料"形式刊发。《红军长征记》保留了最原始丰富的历史细节，为外界了解、认识长征和长征精神提供了第一手史料。

根据目前的考证，陈云是向世界宣传长征的第一人。1936年3月起，他化名"廉臣"，在法国巴黎主办的《全民月刊》上连载《随军西行见闻录》，同年7月该文以单行本的形式在莫斯科面世，第二年3月在国内出版。陈云侧重描述红军的英雄气概，以及红军为人民服务的事例，同时还大力宣传共产党倡导的国共合作主张。[1]曾任红一军团政治部主任的朱瑞，则于1935年12月30日在《战士报》上发表《艰苦的一年，伟大的一年》这篇早期的长征纪实作品；范长江、埃德加·斯诺等中外记者，则深入实地，分别写出《中国的西北角》与《红星照耀中国》(又名《西行漫记》)等名作。《红星照耀中国》也探触、阐释了长征精神，作者

---

[1] 参见丁晓平《世界是这样知道长征的：长征叙述史》，中国青年出版社2016年版，第11—29页。

这样写道："冒险、探索、发现、勇气和胆怯、胜利和狂喜、艰难困苦、英勇牺牲、忠心耿耿，这些千千万万青年人的经久不衰的热情、始终如一的希望、令人惊诧的革命乐观情绪，像一把烈焰，贯穿着这一切，他们不论在人力面前，或者在大自然面前，上帝面前，死亡面前，都绝不承认失败——所有这一切以及还有更多的东西，都体现在现代史上无与伦比的一次远征的历史中了。"[①]这段总结很有代表性，革命乐观主义、信仰的力量、无所畏惧的斗争意志——这些关键的概括，道出了初期人们对长征精神的普遍共识。这也意味着，长征精神不只有一时一地的价值，它的革命史意义、精神史意义将伴随着革命事业一道前进，并不断焕发出新的力量。

（二）与共和国同行的长征精神

中华人民共和国成立后，长征精神不断得到阐发。在革命历史经验的整理与叙述中，长征精神占据着关键位置。这不仅因为其前所未有的创世伟业与震撼世界的英雄气概，更因为在这一过程中锤炼出的长征精神具备跨越时空的普遍意义。

---

① ［美］埃德加·斯诺：《红星照耀中国》，董乐山译，人民文学出版社 2016 年版，第 184 页。

中华人民共和国成立后，修建了许多红军纪念碑、纪念馆、烈士陵园等，并通过各种形式普及长征故事。1954年2—4月，中宣部党史资料研究室在1942年版《红军长征记》的基础上重新编辑，以《中国工农红军第一方面军》为题，将之连载于《党史资料》。在此基础上，1955年5月，人民出版社推出了单行本。与此前的"内部资料"不同，飞夺泸定桥、四渡赤水、"爬雪山、过草地"等生动鲜活的长征故事终于公开面世，走进了工厂、矿山、社队、学校，尤其是中小学课堂，长征故事普及开来，长征精神也开始真正走进人民大众的内心。

1956年7月，为纪念建军30周年，中央军委发起"中国人民解放军30年征文"活动，掀起了撰写回忆录的高潮。1957年，编辑工作正式展开，并从1958年开始陆续推出《星火燎原》丛书。这套大型回忆录多角度地呈现了长征历程，突出了红军将士的革命英雄主义气概与理想主义情怀。

从20世纪50年代后期至70年代，由于历史距离逐渐拉开，时代语境发生转变，对长征精神的继承方式在"回忆""歌颂"之外，增加了总结历史经验的向度，相关思考也更加理论化、系统化。尤其是1963年之后，对长征精神的阐发更加突出遵义会议的历史作用，更加强调党的正确领导。这一时期也出现了表现长征的经典之作,如大型音乐舞蹈史诗《东方红》(1964)与《长征组歌》(1965)等。

长征被不断呈现,长征精神被不断阐发,既是为了继承传统,也是时代的现实需求。在前所未有的社会主义建设事业中,在帝国主义的封锁和包围中,长征精神是中国人民可切身感知的、足以凝心聚力的典范所在。因此,自长征结束后,关于"新的长征"的提法便时有所闻。对长征的叙述和对长征精神的阐发也不断推进,诗、史、论三者彼此交织,既让长征的历史面貌愈加清晰,也不断提升了长征精神的思想含量。总体来说,20世纪50—70年代,长征精神的阐发和宣传具备以下特点:第一,对长征的历史叙述从军内、党内走向大众,不断巩固为基本常识与情感共识,长征精神融入革命精神谱系之中。第二,以亲历者的回忆为起点,长征精神逐步摆脱一时一地具体语境的限制,升华为具备真理性的宝贵革命经验,获取了恒久的生命力。

可以说,长征是一个"由弱到强""转败为胜"的原型故事。在与之相似的"一穷二白"的建设时期,在每个充满开创性、艰巨性与复杂性的历史关头,人们都可以从长征精神中汲取信念、智慧与力量。

（三）从改革开放到新时代的长征精神

1978年3月6日,《人民日报》刊文《八亿人民的新长征》。文中认为,"铁流二万五千里"的长征作为革命英雄主义史诗,已经成为中国人民精神的象征。而"新时期的新长征"就是"在本世纪内把我国建设成为社会主义的现代化强国,任务更艰巨、更复杂,也更光荣、更伟大。它要赶上西方走了三百多年的路程;它要改造我国九百六十万平方公里大地上的山山水水和千百年遗留的旧思想、旧习俗,使我们古老的祖国从此摆脱贫穷和落后"[①]。党的十一届三中全会以后,社会主义建设步入改革开放的新阶段。在社会主义现代化的总目标下,长征精神焕发出新的光彩,党和国家号召人民群众继承发扬优良传统,争做新长征路上又红又专的战士。

这一时期,涉及长征的回忆录与史料,如《彭德怀自述》《历史的回顾》《红军长征回忆史料》等不断整理出版,相关研究成果大量涌现。此外,《红星照耀中国》重译本面世,产生持续影响。1986年,在中央领导支持下,美国作家索尔兹伯里重走长征路后写下的《长征——前所未闻的故事》由解放军出版社出版,向世

[①]《八亿人民的新长征》,《人民日报》1978年3月6日。

界提供了红军长征的丰富细节。与对外开放同步,长征也更为清晰、深刻地嵌入世界历史的图景中。

1986年10月22日,中央军委常务副主席杨尚昆在纪念红军长征胜利50周年大会上,首次系统阐述了长征精神,包括革命信念、英雄气概、高尚品德与崇高思想四个方面。[①]这也是中共中央首次召开全国性的纪念长征大会。1996年10月22日,江泽民同志在纪念红军长征胜利60周年大会上的讲话中,系统地总结了长征精神的特点,确定了长征精神的基本内涵。[②]2006年10月22日,胡锦涛同志在纪念红军长征胜利70周年大会上的讲话中重申长征精神,强调长征的重大历史意义,号召全党全军全国各族人民继续发扬长征精神,在中国特色社会主义道路上奋勇前进。[③]

在党的团结带领下,经过艰苦奋斗,中华民族迎来了伟大复兴的关键时刻。在这样的历史关头,尤其需要长征精神的支撑。2016年10月21日,在纪念红军长征胜利80周年大会上的讲话

---

① 参见杨尚昆《总结历史经验 继承和发扬长征精神 在改革开放和现代化建设中建功立业》,《人民日报》1986年10月23日。
② 参见江泽民《在纪念红军长征胜利六十周年大会上的讲话(1996年10月22日)》,人民出版社1996年版。
③ 参见胡锦涛《在纪念红军长征胜利70周年大会上的讲话(2006年10月22日)》,人民出版社2006年版。

中，习近平总书记从新时代中国特色社会主义事业整体布局的高度出发，回顾长征苦难辉煌的历史进程，重温长征影响深远的历史意义，重申伟大的长征精神。他提醒全党、全军、全国人民："伟大长征精神，就是把全国人民和中华民族的根本利益看得高于一切，坚定革命的理想和信念，坚信正义事业必然胜利的精神；就是为了救国救民，不怕任何艰难险阻，不惜付出一切牺牲的精神；就是坚持独立自主、实事求是，一切从实际出发的精神；就是顾全大局、严守纪律、紧密团结的精神；就是紧紧依靠人民群众，同人民群众生死相依、患难与共、艰苦奋斗的精神。"[1]长征精神是中华民族自强不息的民族品格的集中展示，是以爱国主义为核心的民族精神的最高体现。由此出发，他对实现"两个一百年"奋斗目标、实现中华民族伟大复兴中国梦进行了全方位部署，为我们在新时代的长征路上续写新的篇章、创造新的辉煌提供了科学指引。

综而观之，以1934—1936年的伟大征程为历史原点，历经革命、建设、改革的历史阶段，对长征精神的历史内涵和价值的阐

---

[1] 习近平：《在纪念红军长征胜利80周年大会上的讲话》，《人民日报》2016年10月22日。

发,与时俱进,生生不息,长征精神扎根于中国共产党和中国人民的伟大实践,也必将成为我们迈向新的伟大目标时必不可缺的精神资源与历史财富。

三、长征精神的内涵与意义

那么,长征精神的内涵包括哪些方面呢?革命英雄主义、理想主义和实事求是精神,是中国共产党自成立以来就一以贯之的精神传统。但纵观我们党的历史,从未有一个时期像长征时那样,在那么艰难困苦的环境下,在那么长的时间内,在那么大的范围内,将这三种精神发挥得淋漓尽致,形塑了人类精神史上的一种超卓的精神景观。因此,革命英雄主义、理想主义、实事求是精神是长征精神的本质内容。

(一)长征与革命英雄主义精神

红军长征备受全球瞩目,首要原因就在于共产党和红军压倒一切敌人而不被任何敌人所压倒、征服一切困难而不被任何困难所征服的革命英雄主义气概。长征历时之长、规模之大、行程之远、环境之险恶、战斗之惨烈,在中国历史上绝无仅有,在世界历史上也极为罕见。红军将士创造了气吞山河的人间奇迹，而这奇迹，是无数红军将士用鲜血和生命创造的：1934年10月，中央红军踏上长征之路时，人数为8.6万余人，1935年10月到达陕北吴起镇时，仅为近8000人。[1] 其他各部人数变化也类似。据计算，在中央红军二万五千里的征途上，平均每300米就有一名红军牺牲。[2] 可以说，红军将士以自己英雄的身躯铸就了一座座巍峨的丰碑。

英雄主义的核心要义是视死如归、大无畏的牺牲精神。长征途中，红军面临强敌围追堵截，在枪林弹雨中行军，血战无数。每次战斗，红军将士都奋勇向前，创造了一则则经典战例。比如，飞夺泸定桥时，22名突击队员冒着枪林弹雨，在桥板被拆掉、悬空于汹涌的大渡河上的铁索上，一手持枪，一手抓握铁索，向对岸发起冲击，最后穿越烈火，一举击溃守军，飞夺泸定桥。这样的壮举空前绝后，聂荣臻曾评价说："中国工农红军的伟大的牺牲精神，是任何敌人不能比的。有了这种精神，我们就能够绝处逢生，再开得胜之旗，重结必胜之果。"[3]

---

[1] 参见王树增《长征》(上)"前言"，人民文学出版社2016年版，第3页。
[2] 参见习近平《在纪念红军长征胜利80周年大会上的讲话》，《人民日报》2016年10月22日。
[3] 参见王树增《长征》(下)，人民文学出版社2016年版，第514页。

湘江战役是长征中最惨烈的一战,红五军团三十四师掩护主力部队西进,连番血战,完成任务后,被敌人包围,全师官兵奋勇突击,战斗到底。师长陈树湘腹部中弹被俘。敌军将陈树湘抬在担架上,押往长沙。弯曲的山路上,抬担架的民夫脚下一滑,才发现陈树湘已经从伤口处把自己的肠子掏出来,扯断了,鲜血染红了大地。

1935年7月,红二十五军经过长途浴血转战,到达陕南,做出了西去陕甘苏区,与那里的红军会合的决定。在偶然得到红一、四方面军在毛儿盖休整,有北上陕甘迹象的消息后,他们立即决定进入甘肃南部,在敌人防线后方大造声势,把陕甘的国民党军队拖住,不惜一切代价配合主力红军北上。为了达到这一战略意图,红二十五军采取了反常规的行动,故意暴露自己的位置和实力。果然,大量国民党军队被吸引过来,他们陷入十分艰难的境况中,军政委吴焕先在战斗中壮烈牺牲。但就是在这样危险的局势下,8月14—31日,红二十五军在西安通往兰州的公路两侧,以接连不断的战斗,整整坚持了18天。直到面临全军覆没,又一直得不到主力红军消息,他们才继续北上。《共产国际》第七卷第三期评价他们的英雄壮举说:"中国红军第二十五军的荣誉犹如一颗新出现的明星,灿烂闪耀,光被四表!就好像做毛泽东部队的先锋一样,帮助毛泽东部队打开往陕北的途径。"①

这种牺牲精神,体现在每一位红军将士身上。每次激烈的战斗中,红军指挥员总是身先士卒,以身作则。1935年1月遵义会议后,为完成北渡长江的战略部署,中革军委决定在土城附近的枫村坝、青岗坡一带伏击尾随的川军。但由于对敌情判断有误,战局危急,川军一度攻到中革军委指挥部前沿。这时朱德提出亲自到前沿指挥战斗,他对毛泽东说:"老伙计,不要考虑我个人的安全,只要红军能够胜利,区区一个朱德又何惜?"正是在朱德鼓舞、指挥下,红军成功撤出了战斗。②

红军爬雪山、过草地时,炊事员等后勤人员损失最大,他们不但和其他士兵一样,面对着同样严酷的自然环境,而且还携带着包括炊具在内的沉重装备。红三军团一个连有9名炊事员,班长姓钱,他带领的炊事班,每个人的担子都超过了规定的重量,但向草地出发时,他还是带上了连队的那口大铜锅。一天早上,一个炊事员刚挑起大铜锅,身子一歪就一声不响地倒下了;另一个炊事员挑起大铜锅继续赶路。一次他在雨布下用大铜锅烧姜汤

---

① 参见王树增《长征》(下),人民文学出版社2016年版,第624页。
② 参见王树增《长征》(上),人民文学出版社2016年版,第319页。

给大家喝，好不容易把水烧开，刚端着一碗姜汤想给病号送去，没走几步就连人带碗摔在了泥水中。这时大家才知道，炊事班的同志进入草地后，谁都没舍得吃一粒粮食。最终，9名炊事员全都牺牲在草地里。这口从江西挑到草地的铜锅，成为红军官兵忘我牺牲的英雄主义精神的最好见证。

红军过草地时，有一些官兵掉队，倒在路上，为了援救这些掉队的战友，红军成立了收容队。然而，那些倒下的官兵为了不拖累其他同志，竟拒绝收容，他们用草把自己的脸盖上，一动不动，希望走过他们身边的同志以为他们已经牺牲。红军就是这样一支队伍，一支为了革命胜利，为了他人活下去，不惜牺牲自己的队伍。

英雄主义的另一种表现形式是乐观主义精神。长征的艰险是空前的，但红军没有悲观失望，而是积极乐观。查看红军长征资料，经常会看到这样的史料。1935年1月，中央红军强渡乌江、血战娄山关、攻占遵义后，形势稍有转圜，但依然面临重重险境，可就是在这样的情况下，红军篮球队还与省立第三中学篮球队组织了一场友谊赛。更奇特的是，红军总司令朱德是红军篮球队队员之一。年近半百的朱德在篮球场上奔跑着，观看球赛的遵义老百姓把篮球场围得水泄不通，他们看到此情此景，感到格外亲切。

如果说政治宣传还不能让民众对红军产生由衷的信任感的话,那么朱德在欢笑中和学生一起打球的场景,一定触动了他们的心灵。

爬雪山过草地之际,环境险恶到极点,但这时候,在有关回忆录中,竟然看到不少颇有"闲情逸致"的记载。据周士第回忆,一次爬雪山时,萧劲光竟然提议吃冰激凌,陈赓、宋任穷、莫文骅、冯雪峰、李一氓等纷纷响应,都拿着漱口杯向雪堆下层挖,掺入糖精,自制起冰激凌来,引得好多士兵向他们学习。[①] 董必武则"胸怀长远",在过草地时,就已经想到"革命胜利后,有专门人才来这地方考察一次,一定有许多适用于人类的东西发现出来"[②]。而更常见的场景则是唱歌、跳舞。据邓发《雪山草地行军记》记载,过松潘草地时,情形极其艰难,但"长征的英雄们,包括妇女、老头和文学家在内,精神上都非常愉快"。一次,队伍在河岸集结渡河,看见了蔡畅,就欢迎她唱歌。她立即用法文唱起了《马赛曲》,她抑扬的音韵、慷慨的歌声,使战士们闻歌起

---

① 参见周士梯(即周士第)《吃冰琪林》,载刘统整理注释《红军长征记:原始记录》,生活·读书·新知三联书店2019年版,第575—576页。
② 必武(即董必武):《从毛儿盖到班佑》,载刘统整理注释《红军长征记:原始记录》,生活·读书·新知三联书店2019年版,第612页。

舞,不但减轻了疲劳和寂寞,且越发精神抖擞,神气振作。[①]

(二)长征与革命理想主义精神

英雄主义是表现,理想信念是内里。红军之所以能忍耐难以言表的艰难困苦,战胜史无前例的危机挑战,之所以能转危为安,挺进陕北高原,开创了中国革命的高峰,是因为红军是一支理想之师、信仰之师。正如习近平总书记指出的,崇高的理想,坚定的信念,永远是中国共产党人的政治灵魂。在这个意义上,长征是一次理想的伟大远征,信仰的伟大远征。中国共产党和红军将士用自己的鲜血和生命,在长征途中书写了一曲又一曲感人至深的理想之歌、信仰之歌。

中央红军离开苏区,是一次被动的战略转移,路在何方,当时未有定论。这种离别的漂泊感,陆定一的回忆文章描写得特别生动。他以哥伦布航海类比这次远行,坦言"不知道将在什么地方靠岸,在什么地方停脚"。不过,红军将士却并未悲观失望,恰恰相反,他们满怀信心地开始了这次前路未定的漫漫征程。之所以如此,是因为他们有远行必备的"指北针"——共产主义的

[①] 参见杨定华(即邓发)《雪山草地行军记》,载刘统整理注释《红军长征:原始记录》,生活·读书·新知三联书店2019年版,第124—125页。

理想和信仰。他们坚信自己必将"如哥伦布找到新大陆一样","得到最后的胜利"。他们坚信,"不论怎样,中国总是要将解放的"!①

的确,党和红军是带着共产主义的理想和信仰开始长征的,在这方面,留下了许多意味深长的故事。成仿吾是早期中共党员和教育家。1934年,他从鄂豫皖根据地到达瑞金,在马克思共产主义学校(中共中央党校前身)任职,是学校中唯一的政治教员。1934年10月,他担任红一方面军干部团政治教员,与徐特立、谢觉哉、董必武等老革命家同行,参加了长征。出发时,他和大家一样带了一床毯子、一袋干粮、一个装着简单衣物的挂包。挂包里除了放些日用品、衣服外,还有一些马列书籍,其中有一本德文版《共产党宣言》。这本德文版《共产党宣言》是成仿吾平生最珍爱的一本马克思主义经典著作,他曾先后3次(1929年、1938年、1974年)将其翻译成中文,充分体现出他对这部经典的深刻理解和深厚感情。②据记载,长征途中,周恩来也始终携带着

---

① 定一(即陆定一):《珍重》,载刘统整理注释《红军长征记:原始记录》,生活·读书·新知三联书店2019年版,第192—193页。
② 参见韩宇《成仿吾:长征路上唯一的大学教授》,《北京日报》2016年10月10日。

一本《共产党宣言》，给予同样的重视，以至于中华人民共和国成立后，他还一直牵挂《共产党宣言》首译本的寻找，曾深情地说："当年长征的时候我就把《共产党宣言》当作'贴身伙伴'，如果能找到第一版本的《共产党宣言》，我真想再看一遍。"[①] 长征中这些人与书的故事，传达出老一代共产党人对马克思主义真理的追求和信仰。

这种追求和信仰的光辉照耀着长征的路途。1935年6月，陈云奉中央之命秘密抵达莫斯科，向共产国际执委会书记处报告中央红军长征和遵义会议的情况。在报告中，陈云指出红军取得长征胜利的一个重要原因，是红军中有大批党员，他们"无论是指挥员，还是普通战士，都作出了勇敢无畏、忠于党、忠于工人阶级事业的表率"。他还讲了一个极其感人的现象。每次战斗前，连队的党员都召开会议，选出后备指挥员，有四五个人。如果连长在战斗中受伤或牺牲，队伍不会跑散，因为第一后备连长会立即挺身而出；如遇不幸，第二后备连长又会代替他，一个接着一个。而且，党员受伤后，为了不影响同志们的情绪，总是对他们说："没关系，你们继续前进吧。"对此，陈云总结道："我们红军中的

[①] 孟红：《老一辈革命家与〈共产党宣言〉》，《人民政协报》2018年3月8日。

共产党员都是我们党的优秀分子。"[1]这种理想主义的力量正是英雄主义之根源。

这一点，在中央红军干部团身上得到了充分的体现。干部团是长征前夕中央将红军大学、红军第一步兵学校、红军第二步兵学校、红军特科学校合编组成的一支特殊部队，陈赓为团长，宋任穷为政委，成员中党员和共青团员占比很高。毛泽东曾说干部团是红军的宝贵财富。长征途中，干部团屡担重任，屡立奇功。比如，巧渡金沙江时，为了确保拿下对于红军最有利的皎平渡口，中革军委派出了干部团。干部团果然不负众望，克服重重困难，不仅顺利抢占皎平渡，而且一鼓作气，以400人击溃了国民党两个团，取得了通安战斗的胜利，为中央红军平安渡过金沙江扫清了障碍。[2]对此，刘伯承曾感慨万千地说："干部团的同志一天走近两百里的路程，是黑夜，又是难走的山路，还有敌人。一个人怎么能一天走这么远的路？他们走到了，而且还打了胜仗。靠什么？靠觉悟，靠党。没有这些，根本做不到。"[3]

---

[1] 陈云：《关于红军长征和遵义会议情况的报告》，载刘统整理注释《红军长征记：原始记录》，生活·读书·新知三联书店2019年版，第23页。

[2] 莫文骅：《"五一"的前后》，载刘统整理注释《红军长征记：原始记录》，生活·读书·新知三联书店2019年版，第444—451页。

[3] 王树增：《长征》(下)，人民文学出版社2016年版，第454页。

对比更能说明问题。张爱萍记录了一个十分生动的例子。第二次占领遵义城后,红三军团十一团在城外与国民党军大量援兵相遇,两军对垒,相持不下,为了攻占红军占领的山头,国民党军用金钱鼓舞士气,大喊:"弟兄们!抢下这个山头,两千块大洋!"而红军指战员则高喊:"不要怕,要坚决,同志们!为革命流最后一滴血!"[①]结果不言而喻,红十一团同增援部队一道,歼灭国民党军吴奇伟的两个师大部。

经历了长征砥砺,催生出一种新人格。埃德加·斯诺发现了一个令他惊讶的现象,就是那里的红军战士都精神昂扬、自尊自信、乐观向上,"看到他们,就会使你感到中国不是没有希望的"。他还举了一个叫季邦的小红军的例子。因为担心斯诺拿不准他名字的发音,误听为其他谐音,影响红军形象,他特意找到斯诺,把自己的名字仔细地写在纸上,告诉斯诺写到他时一定不要写错。[②]小红军的自尊和郑重,使本来没想写他的斯诺深受感动,就把这个意味深长的细节写进了《红星照耀中国》。这就是长征锻炼

[①] 艾平(即张爱萍):《第二次占领遵义城》,载刘统整理注释《红军长征记:原始记录》,生活·读书·新知三联书店 2019 年版,第 366 页。
[②] 参见[美]埃德加·斯诺《红星照耀中国》,董乐山译,人民文学出版社 2016 年版,第 329—330 页。

出的新人的魅力。长征中，这样的小红军有很多。据统计，长征时，红军"指挥员的平均年龄不足25岁，战斗员的年龄平均不足20岁，14岁至18岁的战士至少占百分之四十"[①]。其实，长征中的这些年轻的指战员们，都是新人。正是这崭新的人格，使红军成为世界上从未有过的军队：官兵装束是一样的，头上的红星是一样的，前进的方向是一样的。

有研究者发现，长征前后毛泽东创作的诗词气势大为不同，长征前三个月写下的《清平乐·会昌》，抒发的似乎还是沉郁的个人心志，但是当红军突破湘江防线，途经广西大山时，他写下的三首《十六字令》境界就大为开阔：高山大河，金戈铁马，一股雄浑之力奔腾而来，非常人所能及。等到1935年10月，中央红军马上就要结束长征，到达陕北，他写下的《念奴娇·昆仑》更是天翻地覆、宇宙洪荒，所涉及的已远非长征和中国，而是世界格局、千秋历史。之所以发生这样的变化，一个重要原因当然是经过长征的磨砺，毛泽东的思想、精神、情感、境界都得到了一次升华。更重要的原因则是，经过长征磨砺，中国共产党人和红军亦得到升华，形成一种新的人格。

[①] 王树增：《长征》(上)"前言"，人民文学出版社2016年版，第5页。

（三）长征与实事求是、独立自主精神

理想和信仰，以及由其所激发的革命英雄主义，是长征胜利必不可少的精神保障，但精神力量要转化为改造世界的物质力量，还需要正确的战略方针，正确的方向和道路。在这个意义上，党领导红军长征、战胜敌人的过程，同时也是探索正确的军事路线和战略战术，寻找中国革命新的落脚点的过程，进而言之，更是联系实际、创新理论、探索中国革命道路，即马克思主义中国化的过程。因此，长征精神也包含了中国共产党实事求是，独立自主地探索中国道路的精神。

众所周知，长征最终到达陕北，并不是预先设定的，作为战略转移，出发时并没有打算走很远。据研究者统计，长征的目的地，仅中央红军，先后就有八个设想：第一，从江西瑞金出发时，是到湘西与红二、六军团会合，发展复兴后再回来；第二，黎平会议决定到黔北的遵义地区建立新根据地；第三，遵义会议决定过长江到川西建立根据地；第四，会理会议决定到川西北与红四方面军会合，建立根据地；第五，两河口会议决定去川陕甘一带开辟新根据地；第六，毛儿盖会议进一步明确到甘南洮河流域创建新根据地；第七，俄界会议决定到与苏联接近的地方创建根据地，将来向东发展；第八，在哈达铺初步决定到陕北去，随后榜罗镇会议正式决定陕北为长征的最后落脚点。中央红军到达吴起镇后,中央政治局召开扩大会议,批准了榜罗镇政治局常委会议的决定,宣告中央红军长征胜利结束。从此,陕北才成为中国革命的中心。[①]

长征胜利,不仅保存了革命力量,而且找到了革命事业的新出发点。长征胜利后不久,全面抗战爆发,以陕甘宁边区为起点,一大批根据地如雨后春笋般建立和发展起来,革命火种在神州大地渐成燎原之势。可以说,以长征胜利为起点,党领导人民掀起了中国革命的新高潮。之所以如此,是因为经过长征,党确立了实事求是的原则,找到了把马克思主义普遍原理与中国革命具体实践相结合的路线和方法,找到了中国革命的正确道路,开始独立自主地领导中国革命实践。

中国共产党的成立是中国历史上开天辟地的大事。然而,我们也必须承认,刚刚成立的党还相对弱小和幼稚,还有待于实事求是地探索中国革命的真理,有待于独立自主地领导中国革命的实践。中国是一个和任何西方国家都不同的东方农业大国,又处于空前变动中,局势极其复杂,任何问题都没有现成答案,中国

[①] 参见石仲泉《红军长征和长征精神》,《中共党史研究》2007年第1期。

革命的道路只能靠中国人民自己探寻,并在实践中提升总结。因此,中国共产党自成立后,在领导革命的过程中,既取得了伟大成绩,也遭遇了严重挫折乃至失败。

红军之所以长征,就是遭遇严重挫折后的无奈之举。长征首先从中央红军开始。中央红军所在的中央苏区,鼎盛时期面积为8.4万平方千米,比现在的宁夏回族自治区还大,相当于两个半海南岛;人口450多万,是全国最大的革命根据地。中央红军的人数也达到13万。以中央苏区为依托的中华苏维埃共和国,先后拥有13个苏区,总面积达40余万平方千米,相当于4个江苏省,人口约3000万。[①]这么大的中央苏区和"红色中国",是怎么几乎丧失殆尽的?一个重要原因,就是在中央占统治地位的"左"倾教条主义推行错误的政治和军事路线,不仅导致第五次反"围剿"失利,而且在战略转移中又犯了保守主义错误,损失惨重,极大地影响了红军的信心和士气。正是在这样的危机中,以毛泽东、周恩来、张闻天、朱德、王稼祥等为代表的党的领导人痛定思痛,探索独立自主地领导中国革命的方法和路径,经过一系列重要会议,特别是遵义会议,开始确立毛泽东为代表的马克思主

---

① 参见石仲泉《红军长征和长征精神》,《中共党史研究》2007年第1期。

义正确路线在党中央的领导地位，使党和革命事业转危为安，并不断开创新的局面。

更重要的是，遵义会议后，在正确的军事和政治路线指引下，红军浴血重生，取得了长征的伟大胜利，使人们进一步认识到，只有把马克思主义基本原理同中国革命具体实际相结合，独立自主解决中国革命的重大问题，才能把革命事业引向胜利。这是在血的教训和斗争考验中得出来的真理。因此，红军长征胜利、立足陕北后，很快就把解决生存危机同拯救民族危亡联系在一起，实现了国内革命战争向抗日民族战争的转变，为夺取中国人民抗日战争胜利，进而夺取新民主主义革命胜利打下了坚实基础。之后，更是在长征精神的基础上，发展出延安精神，创立了新民主主义理论，使党领导中国人民取得了新民主主义革命胜利，实现了中华民族的完全独立和中国人民的彻底解放。在这个意义上，我们说长征的胜利是方向的胜利、道路的胜利。

具有深远意义的是，经历长征淬炼，中国共产党坚持独立自主、实事求是，一切从实际出发的精神，终于找到了正确的中国革命道路和方向，才真正实现了在追求真理、坚持真理的基础上全党、全军的空前团结。没有这种思想上、政治上的团结，中国革命胜利是不可想象的。也正是在这个前提下，党才锤炼出了钢铁般的纪律，在思想上、政治上、组织上不断成熟，成为中国革命和建设事业的中流砥柱。

总而言之，长征是一次发现革命真理和革命道路的征程，是马克思主义中国化的征程。从此，波诡云谲的中国革命的前途豁然开朗，近代以来在现代世界竞争中沉沦的中国历史的前途也豁然开朗。

（四）长征精神的独特意义

长征以其空前绝后的壮举，改写了中国革命史，震撼了世界。长征精神是党和红军奉献给中国，也是奉献给全世界的精神传统。

长征精神在中国革命史上具有极其重要的意义。长征精神和井冈山精神、延安精神、西柏坡精神等共同构成了中国革命的精神谱系。它们一脉相承，又各有侧重。如果说井冈山精神的重点是革命首创精神和艰苦奋斗精神；西柏坡精神的重点在于戒骄戒躁、保持革命本色；延安精神作为中国革命的阶段性总结，带有某种集大成性质，那么，长征精神在这个谱系当中便以艰苦卓绝环境下的革命英雄主义和革命理想主义为特色，为从困厄向胜利的转化提供了一种精神传统。在《矛盾论》中，毛泽东对1927—1937年的时局进行了辩证唯物主义的哲学解读："革命斗争中的

长征精神论纲　177

某些时候，困难条件超过顺利条件，在这种时候，困难是矛盾的主要方面，顺利是其次要方面。然而由于革命党人的努力，能够逐步地克服困难，开展顺利的新局面，困难的局面让位于顺利的局面。一九二七年中国革命失败后的情形，中国红军在长征中的情形，都是如此。"①因此，长征精神不仅是坚定理想、战胜困难的精神，还需被放在辩证唯物主义的矛盾运动中来理解，是一种在逆境中敢于斗争、敢于胜利，从逆境中通往胜利的伟大精神。

长征精神的影响不仅限于中国国内，它也在世界范围传播。在描写红军长征的作品《地球的红飘带》中，作家魏巍曾深情写道："中国英雄们的长征，是中国人民的史诗，也是世界人类的史诗。这部史诗是中国人民和中国共产党人用自己的脚步和鲜血镌刻在我们这个星球上的。它像一支鲜艳夺目的红飘带挂在这个星球上，给人类，给后世留下永远的纪念。"②魏巍写下这段文字十几年后，时代生活出版公司编的《人类1000年》评选过去1000年来对人类进程最有影响的100个事件，中国入选三个事件：发明

---

① 毛泽东：《矛盾论》，载《毛泽东选集》第一卷，人民出版社1990年版，第324—325页。
② 魏巍：《地球的红飘带》"卷首语"，人民文学出版社1991年版。

火药、成吉思汗西征、红军长征。①实际上,红军长征之所以入选,不仅因为这是一个具有重大影响的历史事件,中国共产党由此带领着世界上五分之一的人口进入了社会主义社会,更因为这是一笔具有世界意义的精神财富。

其实,人类历史不乏激动人心的远征,但若论艰苦惨烈,红军长征堪称"世界之最",而支撑这人类壮举的则是同样堪称"世界之最"的伟大精神。对此,埃德加·斯诺在《红星照耀中国》中感叹红军长征是"历史上最盛大的武装巡回宣传",是"激动人心的远征史诗"。②瑞士传教士勃沙特在《神灵之手》中这样写道:"红军的领导人是坚信共产主义和马克思列宁主义的信徒,并在实践着其原理。"③美国学者沙培德在《战争与革命交织的近代中国(1895—1949)》中这样描述:"长征战士受苦受难,为的是将中国带向应许之地。"④德国反法西斯斗士王安娜在《中国——我的

---

① 参见时代生活出版公司编《人类1000年》,21世纪杂志社译,上海三联书店1999年版。
② [美]埃德加·斯诺:《红星照耀中国》,董乐山译,人民文学出版社2016年版,第202—203页。
③ [瑞士]R.A.勃沙特(薄复礼):《神灵之手——一个被红军释放的外国传教士的见闻录》,严强、席伟译注,《贵州文史丛刊》1989年第1期。
④ [美]沙培德:《战争与革命交织的近代中国(1895—1949)》,高波译,中国人民大学出版社2016年版,第356页。

第二故乡》一书中写道，长征是"无与伦比的现代奥德赛史诗"，"是人类的勇气与怯懦、胜利与失败的搏斗"。①美国作家威廉·莫尔伍德则解读说："长征是一次解放"，"长征既打破了地域上的隔绝状态，又解除了人们心理上的桎梏，使人们的思想从古老的、狭隘的乡土观念中解放出来，在人们面前表现出国土之辽阔，揭示出民族精神遗产之博大"。②盛大游行、受难和应许、漂泊的勇气、地理发现中的解放等，尽管他们对长征的认识带有其母文化的烙印，但无一不指向长征的精神维度，并尝试用自身文化中最优秀的资源与其对话。这让长征精神与人类文明中的优秀成分一起，成为人类共享的珍贵财富。

80多年来，长征作为近代以来最激动人心的历史事件，从未停止唤起人类的精神力量。南斯拉夫游击队曾两次印刷关于中国红军长征的著作，鼓励游击队员坚定信仰。③美国政要布热津斯基，携全家五口沿长征路线走访，回国后他公开向西方世界宣布：我

---

① ［德］王安娜：《中国——我的第二故乡》，李良健、李希贤校译，生活·读书·新知三联书店1980年版，第140页。
② 转引自中共中央党史研究室科研局编译处《国外中共党史中国革命史研究论点摘编（新民主主义革命时期）》，中共党史资料出版社1990年版，第155页。
③ 参见孟财《长征精神与世界反法西斯斗争》，《解放军报》2016年8月24日。

是沿着长征路线朝圣的。① 美国著名作家、记者索尔兹伯里在长征精神的感召下，以古稀之年戴着心脏起搏器踏上了漫漫长征路。② 他在后来的《长征——前所未闻的故事》中断言："它（长征）过去是激动人心的，现在它仍会引起世界各国人民的钦佩和激情。我想，它将成为人类坚定无畏的丰碑，永远流传于世。"③ 美国著名儿童文学作家琼·弗里茨把红军长征故事讲给美国青少年，美媒称这是一项"公益之举"，因为长征是另一时空下由另一些人在不同的旗帜下完成的类似于美国革命的史诗，是需要被美国的下一代了解的。④ 长征就是这样一种精神，它可以漂洋过海，激励另一个国度密林掩护下的艰苦斗争；它可以冲破意识形态藩篱，指向人类共享的"朝圣之路"；它可以跨越语言的巴别塔，成为各国文字共同铭刻的人类壮举。它已经构成一种超越时空、语言、文化的精神财富，永远激励着人类前行！

---

① 参见郭惠、王惠平《布热津斯基笔下的红军长征》，《解放军报》2017年12月17日。

② 参见秦兴汉《古稀老人的东方情怀——记一对美国老夫妇梦圆长征路》，载《让世界都知道红军长征：陪同索尔兹伯里踏访长征路》，解放军出版社2008年版，第130—135页。

③ ［美］哈里森·索尔兹伯里：《长征——前所未闻的故事》，过家鼎等译，解放军出版社1995年版，第5页。

④ 参见李志明《向美国孩子讲述长征》，《人民日报》2006年10月17日。

四、长征：新时代的精神地标

长征精神作为红色文化的重要遗产，构建着中国人的代际认同和民族身份，影响着中国人的精神气质和文化品格。但必须看到，在利益格局日趋复杂、文化价值日益多元的今天，随着时间流逝、代际更迭，以长征精神等为代表的红色文化面对着有效传播传承的困境和衰减蜕变的危机。因此，在牢牢把握长征精神本质的基础上，必须创新讲述长征故事、传承长征精神的方式，在复杂多变的意识形态环境中坚定不移地继承发扬长征精神。建设长征国家文化公园是探索新时代长征精神传承之路的重要举措，长征国家文化公园必将成为重要的文化地标。

（一）长征精神的传承及其自然人文地理载体

长征精神是一种精神性的文化遗产，精神的传播传承必然要借助一定的载体。长征和地理的关系十分紧密，无论是"二万五千里长征"的整体标示，还是长征具体经由的万水千山、穿越的民族聚居和杂居地、战斗和转移依托的军事地形、沿线发生的重大事件遗址，无不具有十分显著的自然地理和人文地理属性。因此，自然和人文地理媒介在长征精神的传播传承中具有十分重要的功能和价值，是讲述长征故事、传播长征精神最生动、真切、独特的媒介。在文字和图像之外，自然和人文地理媒介共同构成了一套地理符号体系，在中国的国土上以最鲜活的样态记录着长征故事，以最动人的方式铭刻着长征精神。这些空间性、地域性的文化符号为人们由感官感触、理性认知上升到精神感召提供了中介，正是在对这些文化符号的感知、理解和诠释中，无形的价值得以表达，遥远的精神得以激活；而在这个过程中，实体和感官性的体验活动也将被赋予价值形塑的意义、绽放出精神朝圣的光芒。

　　长征精神的传承需要自然和人文地理符号作为载体，同时，自然和人文地理的升华也需长征精神作为指向。长征精神的载体有很多与独特的自然环境几乎重叠，与群众的生产生活空间无缝衔接，因此，长征精神很容易淹没在美丽的自然风光和喧闹的世俗场景中。但是，如果不再讲述红军过草地的故事，松潘草原就不会成为艰苦卓绝的精神写照，不过是有着四时风景和藏族风情的广阔无垠的草原；如果遗忘了飞夺泸定桥的传奇，泸定桥就不会成为英勇无畏的精神丰碑，不过是大渡河上一所见证了藏汉互通的古桥；如果不去强调遵义会议的意义，遵义城子尹路80号的军官府邸就不会成为中国革命探索独立自主之路的精神象征，不过是一处有着中西合璧风格的民居建筑。因此，如果没有了长征文化的支撑，丧失了长征精神的指向，那么长征沿线风貌就只能展现为以"风光旖旎、民俗风情"著称的人文地理景观，相关走访行为也只能局限于以"游山玩水、打卡晒图"为主体的观光游览活动。因此，长征精神绝不仅仅是建设长征国家文化公园的文化附加值，而是其安身立命的核心价值与根本所在。

（二）建设国家文化公园是创新长征精神传承的重要探索

一直以来，我国都十分注重长征精神的保护传承。但也必须意识到，一方面，由于爱国主义教育中存在着方式落后等问题，对长征的灌输式教育和程式化歌颂在一些情况下难免被解读为假大空的宣传，"屏蔽"了长征精神的真实感召力；另一方面，上述手段往往缺乏多感官互动才能建构的真实感和切身体验，缺乏只有身临其境才能产生的崇高感和神圣氛围，对大多数当代人，尤其是年轻人，很难达到感受长征精神所需的体验质感和情感强度。在这个意义上，长征国家文化公园为解决长征精神传播传承中存在的扁平化、套路化等问题提供了一种方案，为当代中国人以沉浸性、体验性、互动性的方式真实地走近长征、真正地走进长征，提供了一种来自历史现场的文化时空，更为创新红色文物和文化资源保护传承利用提供了丰富可能。

前述布热津斯基走访长征沿线后,在《沿着红军长征路朝圣记》中写道:"在我们走近大渡河时,曾经一度怀疑它是否真的像长征战士在回忆录中描述的那样水流湍急,险象环生,及至亲眼目击,才知并非言过其实。这条河水深莫测,奔腾不驯,加之汹涌翻腾的旋涡,时时显露出河底参差狰狞的礁石,令人触目惊心,不寒而栗。"[①]诸如此类身临其境的体验,足以让在观念上与社会主义新中国有着众多差异的美国政治家产生一种"朝圣"感;对于当代中国人,长征沿线的亲眼所见、亲耳聆听、亲手触摸、亲身体验,当然会同样有助于重温这一超越时间的伟大事件、见证这一跨越代际的精神力量,而这一点很早就被世人认识到了。从中华人民共和国成立初期革命纪念地的修缮管理,到改革开放以来爱国主义教育基地的建立,再到21世纪以来"红色旅游"概念的提出,各种红色文化体验活动越发走向立体、深入和多元,一代又一代人先后开始"重走长征路"。随着长征国家文化公园的建设运营和红色旅游产业的完善发展,"重走长征路"必将激活、生

---

① 郭惠、王惠平:《布热津斯基笔下的红军长征》,《解放军报》2017年12月17日。

发出更多文化价值和精神内涵，成为现代人重抵精神世界、重获精神补给、重受精神洗礼的重要途径。长征国家文化公园作为一个具有"二万五千里长征"整体辨识度的有机整体，也将把长征精神散落在各地的文化符号挖掘和整合成一个具有连贯性的"文化线路"，从而建起长征精神在当代最生动、真切、全面、立体的课堂，形成长征精神在当代最具时代性、开放性、创造性的传承传播机制，建构起红色文化在新时代最震撼人心的精神地标。

长江文化论纲

任 慧 焦天然

引 言

长江作为中华民族的代表性文化符号和中华文明的标志性象征，从青海雪山奔腾而下，经巴蜀、过荆楚、行吴越，茫茫九脉，浩荡东流。

灿烂的长江文明与黄河文明交相辉映，共同成为中华民族诞生的发源地和中华民族成长的摇篮，特别是隋唐以后，赋税钱粮多出于此，成为富庶之地和经济、文化中心，如今更是继续滋养着中华文明的赓续与发展。

长江不仅是长江经济带发展、长江三角洲一体化发展、长江国家文化公园建设等国家战略和重要文化工程的主要依托，也是连接丝绸之路经济带和 21 世纪海上丝绸之路的纽带，集沿海、沿江、沿边、内陆开放于一体，具有东西双向开放的独特优势，在我国社会发展中占有重要地位。

在多元一体的中华文明格局和中华文明伟大复兴的新时代，在江河互济的双螺旋结构和国内国际双循环的开放格局中，长江流域必将在中国式现代化的历史进程中做出更大贡献。

一、万里长江

（一）大江东流

世界文明皆由大河孕育。长江穿行的北纬30度，正是贯穿古代埃及、古代巴比伦、古代印度和中国这四大世界文明发源地的纬线。与早已中断、湮灭和被取代的其他三个文明古国不同，中华文明传承不辍，源远流长，所仰赖的正是黄河文化与长江文化的哺育与滋养。长江也是中华民族的母亲河。从地图上俯视长江，好像一条舞动的巨龙，从西向东，跨越三级地台，辉耀于东方。

长江所处的地质年代，可以追溯到距今两亿年以前的古生代。属于现长江流域中上游的西藏、青海南部、川西、滇西、滇中、黔西和桂西的大片地区，当时都被古地中海（特提斯海）所覆盖，因为地势东高西低，所以其水域向西可与印度洋、向南可与太平洋相通。随后陆续发生强烈的造山运动和板块移动，带来古地中海的大规模退缩，山脉、盆地陆续形成，位于低洼地带的水域湖泊被水系串联，这也就是古长江的雏形。到了7000万年前的中生代白垩纪时期至距今300万年左右的新生代时期，喜马拉雅造山运动的发生，使青藏高原地区形成一系列东西走向的褶皱山系，喜马拉雅隆起成山并不断升高，奠定中国西高东低的地势，我们熟悉的"大江东去"的磅礴之势也因此成形。

在古代，如同"河"在很长一段时间专指"黄河"一样，"江"也是一个专有名词，特指"长江"。最早可见于《诗经·周南·汉广》："江之永矣，不可方思。"西汉时期，开始出现"大江"之说，在最有名的汉大赋《子虚赋》中，司马相如这样说道："缘以大江，限以巫山。"在写于晋朝的《三国志》中，多次在吴国的传记中出现"长江"之称，如"将军大势，可以拒操者，长江也"(《三国志·周瑜传》)，"竟长江所极，据而有之，然后建号帝王以图天下，此高帝之业也"(《三国志·鲁肃传》)，"今欲越长江，涉虏庭，亦向时之喻也"(《三国志·傅嘏传》)。唐代之后，"长江"之名基本固定下来。

和黄河一样，寻找长江源头，对于中国人来说，也是非常重要的事情。所以在《尚书·禹贡》当中，就有"岷山导江"的说法。之后很长一段时间，长江源于岷山的说法得到普遍认同，"江出于岷山"(《荀子·子道篇》)，"岷山，江水出焉，东北流，注于海"(《山海经·中山经》)。

汉魏至隋唐时期，官方发起的继续寻找长江源头的考察活动，始终没有获得实质性的进展，《汉书·地理志》《隋书·经籍志》等典籍中都有记载。明代著名地理学家徐霞客经过对云南等地的艰难考察，认为岷江长度不如长江，只能算是一条支流；金沙江，"共二千余里"，"推江源者，必当以金沙（江）为首"，在《江源考》一书中正式提出金沙江是长江源头的说法。虽然以现今的视角而言，徐霞客的判断并不准确，但他发现了金沙江，将长江源头向上推导，确实是历史的进步。

从清代到民国时期的探源活动，包括清政府的使臣、地理学家，也包括不同国籍的西方探险家，他们即便到了河源地区，也都未能明确长江源头。20世纪上半叶开始，一度将长江和黄河的源头都写作巴颜喀拉山脉。新中国成立后，关于黄河和长江的探源都被列为重要事项。1976年至1978年，长江流域规划办公室组织专业调查队，开展深入的调研活动。1978年1月13日，新华社公布江源考察正式成果：长江源头在唐古拉山脉主峰各拉丹冬雪山西南侧的沱沱河，长江全长6397千米。

从此，长江不仅是中国最长的河流，更是超越密西西比河成为世界第三长的河流。长江流域面积约180万平方千米，约占我国国土面积的18.8%，横跨我国西南、华中和华东三大区，长江干流自西而东流经青海、西藏、四川、云南、重庆、湖北、湖南、江西、安徽、江苏、上海等11个省（自治区、直辖市），在上海市崇明岛附近汇入东海。长江干流河道，按河道特征及流域地形分为上、中、下游，分别以湖北宜昌、江西湖口为分界点，各段长度分别为4504千米、955千米和938千米。

长江上游包括江源、通天河、金沙江和川江四段，水系呈扇段分布。正源沱沱河和南源当曲以及北源楚玛尔河，共同组成"中华水塔"，最终共同汇入通天河。所谓"通天"，缘于其高达三四千米的河床，喻"手可摘星辰"之意。早在康熙年间国家内府地图《皇舆全览图》里，"通天河"之名就已经确立。当通天河流入四川、西藏交界处时，就成为"金沙江"。金沙江古称"黑水""绳水""丽水"，早在战国时就有"丽水之中生金"的说法，因而得名。金沙江穿越横断山脉，在川滇边界辗转迂回，造就了"长江第一湾"和虎跳峡等壮美胜景，然后来到四川盆地，与岷江汇合，称为"川江"。作为上游的最后一段，沱江、赤水河、嘉陵江、乌江等支流相继汇入，水量之大约占长江上游的2/3，因此葛洲坝和三峡工程两个大的水利枢纽均建立在这一区域。

长江中游正是湖北宜昌与江西湖口之间的区域，江面骤然展宽，湖泊密集，汇集汉江和洞庭湖四水（湘、资、沅、澧）以及鄱阳湖五水（赣、抚、信、饶、修），水系密布，进入"极目楚天舒"的冲积扇平原地带。其中湖北枝城至湖南城陵矶这段因流经古代荆州地区，故名"荆江"，是历史上长江水患频繁的地区，自古就有"万里长江，险在荆江"之说。长江从湖北东流到江西省九江市，因唐代曾在这里置浔阳郡，所以就有"浔阳江"之称。白居易《琵琶行》中的"浔阳江头夜送客，枫叶荻花秋瑟瑟"，就是写的这里。

长江下游就是从江西湖口接纳鄱阳湖水系至长江入海口的平原区域，先后经过安徽境内的"楚江"、江苏境内的扬子江，主要支流包括皖河、秋浦河、裕溪河、青弋江和黄浦江等，还有五大淡水湖之中的太湖和巢湖，密布的水网、便捷的交通共同构成了我国经济最为繁富的长三角区域。

长江支流众多，除干流区域的11个省（自治区、直辖市）外，还展延至贵州、甘肃、陕西、河南、广西、广东、浙江、福建等8个省（自治区），累计多达7000余条。其中雅砻江、岷江、嘉陵江、乌江、沅江、湘江、汉江、赣江作为八大支流，流域面积均超过8万平方千米，它们各自又包括大渡河、青衣江、渠江、涪江、三岔河、六冲河、酉水、溇水、清水江、潇水、耒水、褒河、丹江、湘水、濂江等支流，从东南西北各个方向注入干流，围绕着干流共同组成了丰硕饱满、绵延流长的长江水系。

（二）文明曙光

长江流域是中华文明起源的重要区域，古代先民在这里筚路蓝缕，奋力开拓。新石器时代，人类文明的曙光开始在长江流域出现，史前文化如漫天星斗闪耀在长江两岸。早期文化遗迹的代表有距今10000年左右的湖南道县玉蟾岩遗址和距今7000年左右的江西万年仙人洞遗址等，水稻花粉和稻谷已然清晰可见。

由于地理区域、自然环境和气候的差异，到了新石器时代晚期，长江流域形成了多样的考古文化区系，主要代表就是上游地区的三星堆文化、中游地区的屈家岭文化和下游地区的良渚文化。通过多年的考古发现，可以证明距今约5300—4000年，长江流域各地区的文明化进程有了长足发展，形成了较为稳定的、具有向心力的区域性政体——早期国家，良渚等重大考古发现，实证了中华5000多年文明史。

长江上游三星堆文化以发现于四川省广汉市的三星堆遗址为代表，在四川地区分布较广，年代上限距今约4800年，大致延续至距今2600年左右的西周时期。三星堆文化从第1期到第4期，在地层上是连续的，在文化上也凸显了传承性，尤其是在距今4100—3200年的第2期和第3期达到顶峰，不仅出现城市和大型礼仪建筑，而且在祭祀坑中出土了数量巨大的铜器和玉器，显示出极高的艺术成就，展示了长江流域三四千年前惊人的青铜文明成就。三星堆文化第4期（距今3200—2600年）被推测为古蜀国王都，城市规模为西周各诸侯国都城前列。作为巴蜀文化的起源，三星堆文化在长江流域新石器时代末期诸文化中延续时间最久，近年的考古发掘不断更新学界的认识。

长江中游经历了彭头山文化→城背溪文化→大溪文化→屈家岭—石家河文化的发展序列。其中屈家岭—石家河文化被认为是荆楚文化的发展之源，这一时期的长江中游文化开始向中原挺进，占领了鄂北豫南地区。屈家岭文化发现于湖北省京山市，以江汉平原为中心，距今约5300—4600年。屈家岭时期，陶器制作工艺有了长足进步，其蛋壳彩陶、彩陶纺轮和陶塑的红陶小动物，为中国原始文化中所仅有。经济以稻作农业为主，兼营畜牧和渔猎。石家河文化发现于湖北省天门市，承袭屈家岭文化演变而来，晚期已进入青铜时代。石家河文化出土玉器数量猛增，制作更为精美，尤其是出现的龙山文化样式的玉璋，说明早在这个时期长江流域和黄河流域之间已出现文化交流。石家河古城面积达100万平方米，城内有居住区、宗教遗址和大型房屋遗址等分区，周围还分布有职能不同的聚落遗址，表明长江流域在当时业已进入有城乡区别和社会分工、阶级分层的文明社会。

长江下游沿着河姆渡文化→崧泽文化→良渚文化的序列演进。河姆渡文化发现于浙江省余姚市，主要区域在宁绍平原东部地区，是长江下游新石器时代的早期文化，距今约7000—4800年。河姆渡文化以黑陶为特色，遗迹中出现大量"干栏式房屋"，河姆渡人已开始有规模地栽培水稻、渔猎畜牧和纺织，生产力水平大幅提升。河姆渡遗址的发掘证明了长江流域和黄河流域同为中华民族远古文化的发祥地，是公认的中国新石器时代考古的重要里程碑。

崧泽文化由与河姆渡文化一水之隔的马家浜文化（距今约7000—5900年）发展而来，距今约5800—5100年，以太湖流域为中心，出土发现的文物有轮制陶器和小型三角形石犁，还有稻谷和稻叶。

良渚文化以浙江省杭州市余杭区良渚遗址为代表，中心地区在钱塘江流域和太湖流域，距今约5300—4300年。良渚文化继承崧泽文化，又博采河姆渡等区域文化之长，是长江下游早期文明的巅峰。良渚文化从生产力来看，实现了犁耕，大大提高了农业经济水平，农业发展进而又促进了社会繁盛和文化繁荣。良渚古城作为良渚文化的核心，是国内发现的同时代最大城址，由宫殿区、城墙、外郭三部分组成。遗址内居民可见明确的社会分工和阶层分化，具有严密的社会控制网络，社会生活也表现出强大的组织性与秩序性。古城西北有由 11 条水坝组成的规模宏大、设计复杂的水利工程，是世界上最早、规模最大的防洪水坝系统。玉器是长江流域早期文明的代表，良渚文化玉器更是长江流域史前玉文化的巅峰，不仅种类繁多，制作精美，而且与政治、军事权力和礼仪、祭祀有着密切的联系。良渚文化出土了大量玉质礼器，包括象征神权的玉琮和象征军权的玉钺，表明良渚社会已经进入文明社会阶段，而且是成熟稳定的区域性政体，由此可以说明良渚文化已超越同时期的黄河文明，率先进入城邦化的地域国家雏形阶段。在良渚出土的玉器和陶器上，还出现了近似文字的刻划符号，进入文明时代由此可见。良渚文化标志着长江流域早期城市和地域国家雏形的诞生，"中华文明的曙光是从良渚升起的"。

长江流域的早期文明大都达到较高水平，在中华文明的演进过程中发挥了重要作用。屈家岭遗址是长江中游史前稻作遗存的首次发现地，是中国农耕文化发祥地之一，表明长江文明与黄河文明同样是中华文明的重要摇篮。良渚文化时期，稻作生产已相当发达，迈入了连续耕作的犁耕阶段，为农耕文明的繁荣发展奠定了雄厚的物质基础。三星堆文化则显示出与中原二里头文化（夏文化）和殷墟文化（商文化）的密切联系，体现了多元文明的开放交流与融合互补。

中国的地理环境相对独立，早期文化样态具有区域性和统一性等特征。距今5000年左右，黄河和长江流域都出现了多个具有早期国家性质的区域文化，由此中华文明初步形成。黄河文化沿着老官台文化、磁山文化→仰韶文化→龙山文化的序列递进发展，其中仰韶文化是黄河文化的主根脉和早期最重要的代表，也是我国延续时间最长、分布地域最广、影响最深远的史前文化。研究表明，在仰韶文化中晚期，农桑文明已经形成。良渚文化是仰韶庙底沟时代以来长江下游地区持续文明化进程的结果，与来自中原的推动有关，且与周边地区存在明显的互动。距今4000多年，良渚文化和屈家岭—石家河文化衰亡，长江中下游地区步入低潮，黄河流域尤其是黄河中游地区的中心地位增强，二里头文化强势发展，开启了繁荣的青铜时代的序幕。在二里头文化辐射过程中，黄河和长江流域开始由"多元化"的古国文明走向"一体化"的王朝文明，"中国"世界的雏形得以形成。值得注意的是，黄河流域也受到长江文化的影响，例如陶寺文化的琮、璧、钺等玉石器都明显具有良渚文化元素，二里头都城贵族墓葬出土的玉鸟形器和柄形器，与后石家河文化的鹰形玉器和柄形器不无关联。更广泛的地域性青铜文化的交流网，正是在黄河流域与长江流域的互济互鉴下形成的。

（三）稻作发源

长江流域是世界上栽培稻的起源地，诞生了世界上最有代表性的稻作文明。由此，黄河流域的旱地粟作与长江流域的水田稻作，作为中国史前时期的两个农业起源中心而交相辉映，共同成为中华民族的发源地和中华民族的摇篮。

中国史前遗址中发现有稻谷遗存的多达140多处，80%以上分布在长江流域，且以中下游为中心。大约在旧石器时代晚期，在长江南岸已经开始了将野生稻驯化为人工栽培稻的历程。湖南道县玉蟾岩、江西万年仙人洞两处遗址都发现了距今1.2万年左右带有人工驯化特点的水稻遗存。1万年前左右，人工栽培稻已经在浙江境内普遍种植，距今约11000—8500年的浙江省浦江县上山遗址就曾出土世界上最早的属性明确的栽培水稻。稻作农业进而由长江之滨向淮河流域传播，形成了我国最早的农业雏形，为文明社会的形成奠定了物质基础。

公元前8500年至前7500年，史前稻作农业继续发展，磨制石器农具明显发展，以原始农业为依托的定居聚落出现在长江流域。公元前7000年至前5000年，长江中下游的稻作农业已成为当时经济社会不可或缺的重要组成部分，黄河中下游和长江中下游南部的部分地区也陆续开展水稻的种植，规模不断扩大，品种渐趋优化，产量愈加提高，更加满足了当地人民的生产生活需求。

公元前5000年至前4000年，稳定的农业收成带来了原始先民的安居乐业，原始手工业得到发展，农业工具更加系统和先进，人类社会由此逐渐进入文脉社会阶段。良渚文化正是这一阶段的代表。良渚文化莫角山宫殿遗址东坡的废弃堆积中存在着填满大量碳化稻米的灰坑，说明良渚文化时期稻作农业绝对进入成熟阶段。茅山古稻田遗迹包含有良渚文化中期、晚期的稻田，种植面积从较小的区域发展至呈长方形的规则大面积区域，并建有河道、水渠以及田埂等完善的农田设施，带有集体劳动的特征。经测算，茅山遗址中良渚文化晚期稻田的平均亩产量高达141千克，已经接近汉魏时代南方水田平均150千克至180千克的亩产量。

长江流域水稻的种植经历，构成中国史前稻作农业的起源与发展脉络。中国稻作文化发源于长江流域，在国内相继传播至黄河中上游及长江支流以外的区域，向南传至东南亚和南亚，向东传至朝鲜半岛和日本。综观长江、黄河流域农业发展与文明兴衰的关系，可以看到农业兴则文明兴，农业衰则文明衰。展望未来，长江流域对农业发展的滋养，将在中国人的手中世代相传。

（四）区域文化

长江文明是由流域内不同地区的不同族群在大致相同的时间创造出来的，青铜时代后，长江流域的文明加快发展步伐，到春秋战国时期，长江流域按上、中、下游划分，固定形成巴蜀文化、荆楚文化、吴越文化三大文化区。

巴蜀文化由迁徙至四川盆地东北部的巴人和川西平原的主体族群蜀人共同创造。巴人以渔猎采集为生，迁徙性强，《后汉书·南蛮西南夷列传》称："其人多居水左右，天性劲勇。"蜀人主要活动在成都平原与岷江流域，以农耕为主，三星堆文化和金沙文化是古蜀先民创造的早期文化。殷商末年，蜀国之名始见诸甲骨卜辞。据《华阳国志·蜀志》记载，古蜀国"东接于巴，南接于越，北与秦分，西奄峨嶓"。《竹书纪年》则有蜀人对周天子馈献的记载："夷王二年，蜀人、吕人来献琼玉。"巴、蜀两大族群渊源不同，文化却相互联系，巴蜀文化瑰丽奇诡、神巫色彩浓厚，鱼崇拜是巴蜀先民的共同信仰，巫山神女的神话传说流传至今。古蜀国在战国中后期为秦所灭，秦人为巴蜀地区带来先进的社会制度与生产技术，也加强了巴蜀同中原的经济文化联系。都江堰的修建促进了成都平原的农业生产，奠定了"天府之国"的西南经济重心地位。巴蜀地区盛产丝麻，繁荣的工商业带动了充满生机活力的市井文化,左思《蜀都赋》描绘了西晋时期成都的繁盛景象:"市廛所会,万商之渊。列隧百重,罗肆巨千。贿货山积,纤丽星繁……阛阓之里,伎巧之家。百室离房,机杼相和。贝锦斐成,濯色江波。黄润比筒,籝金所过。"唐宋时巴蜀文化繁盛,以三苏(苏洵、苏轼、苏辙)为代表的"蜀学"与二程(程颢、程颐)的"洛学"、王安石的"新学"鼎足为北宋学术的三大主流。

楚文化的渊源可追溯至上古传说时代的祝融和三苗。先秦时期楚人以江汉平原为中心,称雄南土,到春秋战国时期楚文化发展到鼎盛阶段,伴随着楚国的扩张与争霸,楚文化的影响也向长江中下游、黄淮流域、岭南地区扩展,成为中华文化的重要组成部分。《汉书·地理志》记载:"楚有江汉川泽山林之饶……民食鱼稻,以渔猎山伐为业,果蓏蠃蛤,食物常足。故呰窳偷生,而亡积聚,饮食还给,不忧冻饿,亦亡千金之家。"楚地山川迤逦,民族混杂,其人尚火,信巫鬼,重祭祀,既是崇尚自然、清净无为的道家思想的发源地,也诞生了浪漫华美、华丽瑰奇的楚辞。楚地盛产漆,也有高超的缫丝织帛工艺,楚墓中多见类别繁多的漆器、花纹精美的丝织品和内容丰富的帛书与帛画。楚人"劲质而多怼",富有刚悍劲直、崇武尚勇的气质性格,同时饱含着"抚夷属夏"的情怀与经世致用的革新精神。汉武帝独尊儒术后,儒学在荆楚地区广泛传播,东汉末期,襄阳一度成为学术中心。唐代荆楚成为佛学重镇,禅宗在此地影响极大。宋代以降,荆楚地区理学发展,湖湘学派为理学著名流派,属于荆楚文化一支的湖湘文化由此蓬勃发展。明清荆楚地区文化思潮风起云涌,大规模的移民活动使两湖地区形成"五方杂集"之局面,文化越发丰盛繁荣。

吴越文化肇端于新石器时期的河姆渡文化和良渚文化。吴越地区降雨丰沛、土地肥沃,是我国稻作农业的发源地。吴越文化包括吴文化和越文化,二者分别为句吴和于越两族创造,同属"百越"分支。春秋时吴国建都姑苏,越国建都会稽,两国在争霸中文化融合,形成独具特色的长江下游区域文化。秦灭六国后,吴越文化汇入华夏文明主脉。吴越地区稻谷产量大,农业发达,陶瓷器、纺织、青铜铸造技术精湛。早期吴越人尚勇武,信鬼神,好淫祀,断发文身,秦汉时期移风易俗,儒家礼教观念兴起。随着中古时期经济重心南移,早期吴越的尚武之风被南渡士族的清谈玄学与精致典雅文化取代,江南成为人文渊薮,文化气质与上古不同。长江下游地区水网密布,因而造就了吴越"饭稻羹鱼"的生活面貌和灵动细腻的文化特征。源自良渚时代的"玉文化",

承载了江南士人的君子之德。北方战乱时士人百姓数次南渡，为吴越文化增添了包容开放的特质。吴越文风兴盛，"诗性江南"雅致的文化气质中蕴含着重教劝学、"为生民立命"的文化使命感。

长江流域西南、华中和华东三大区在上古时期各自发展出独特灿烂的文化，又被纳入秦汉大一统国家，成为中华多元文明的基石。秦汉以降，长江流域文化区分更呈现出细密多样的发展趋势，区域文化多元共生、和而不同，不仅相互影响交融，而且通过海上丝绸之路将影响扩及海外，促进了中华文明圈的形成。

二、江河互济

长江流域在上亿年的自然地理和数千年的人文社会的发展演变过程中，产生并涵养了农业、经济、教育和文学艺术等诸多一脉相传的文化传统，凝聚了以往社会人们生产、生活的丰富信息，形成了鲜明文化记忆与文化传承，承载着人们的精神、价值和追求；赓续至今，始终滋养着这片区域，并推动这一区域、带动更多区域的创新发展。

长江和黄河都是中华民族的母亲河，长江文明与黄河文明交相辉映，共同成为中华民族的发源地和中华民族的摇篮。两大流域的文化各自独立起源，并依照不同的模式平行发展，呈现出不同面貌。东汉末年以来，黄河流域战乱频发，社会经济遭到严重破坏，相对安定的长江流域则随着大量徙民带来的生产力，得到大力开发，全国的经济重心开始由北向南转移。长江文化充分体现了中华文明多元一体的特质，"江河互济"共同推动了中华民族命运共同体的坚固铸牢。

（一）整齐制度

"大一统"是中国传统政治思想，对维护国家统一和稳定有着深远而积极的影响，是构成中华传统文化的基本要素之一。所谓"海内为郡县，法令由一统"，与大一统思想配套的是秦汉郡县制度和文书行政制度。

秦统一六国，中央设三公和诸卿，地方则推行郡县制，国家形态结构变为"中央—郡县"制，郡设郡守，县设令、长，均由朝廷任免，通过"上计"制度接受中央考核。郡县内有集中的政治、军事组织和完备的征赋系统，有效加强了中央集权。在郡县制下，有乡、里两级基层管理组织，通过户籍与赋役制度对百姓进行严格的控制管理，即"编户齐民"。同时，秦律在全国推行贯彻，湖北云梦睡虎地秦墓简牍有《秦律十八种》，《语书》则体现了秦吏在新征服地区移风易俗的工作。但"整齐制度"与关东文化存在距离，其推行在楚国故地遭到了抵抗，楚人成为反秦主力。汉朝建立后，郡县与王国制度上仍旧展开拉锯，即所谓"秦法"与"楚俗"之争，随着七国之乱平定，"推恩令"实行，王国问题解决，长江地区郡县制最终确立。南北自此紧密相连，文化上的统一逐渐完成。

与从秦汉开始的统一的多民族国家形态结构联系在一起的是包括汉族和其他少数民族在内的、"正在形成中"的中华民族，两千多年来，中央一元化统辖的郡县制结构使王朝国家具有高度的稳定性，同时为促进中华民族凝聚力发挥着积极作用。长江流域自古民族构成复杂，汉武帝平定百越，通西南夷，设置益州郡。王莽设置西海郡（今青海湖地区）。孙吴迁山越。唐代南诏立国云南，后晋时大理国建立，为蒙古所灭。元代建立行省制度，"掌国庶务，统郡县，镇边鄙"，南方所设行省有江浙、江西、湖广、四川、云南等，过去王朝的羁縻之州，此时"皆赋役之，比于内地"。明朝全国行政区划为两京十三布政使司，其中湖广、四川、云南等少数民族聚居地区的基层管理多依靠土官。清朝在此基础上实行"改土归流"政策，强化了中央统治，逐步消除地方割据因素，今天长江流域的行政版图大致形成。

（二）衣冠南渡

从公元189年董卓之乱开始，直到公元589年隋灭陈再次完成统一，动乱和分裂是魏晋南北朝时期的主要特点。北方草原民族不断内迁、黄巾之乱、八王之争至永嘉之乱、西晋灭亡，黄河流域社会经济遭到了极大的破坏。《晋书·慕容皝载记》称："自永嘉丧乱，百姓流亡，中原萧条，千里无烟，饥寒流陨，相继沟壑。"中原板荡，迫使北方士人大量南渡，在江南重建东晋政权。《晋书·王导传》言："俄而洛京倾覆，中州士女避乱江左者十六七。"永嘉南渡导致了中国社会政治、经济、文化和社会结构的深层变动，长江流域走到了历史舞台的中央。

中国自古重视教育。春秋战国时期"百家争鸣"，随着"学在官府"的传统被打破，学术从贵族到民间，士人阶层由此兴起，以掌握学术文化知识为主要的身份标识，他们聚徒讲学，奔走于诸国，数量迅速增加，社会地位也显著提升，奠定了"布衣卿相"之局面出现的基础。两汉时期士人与宗族结合，每郡有若干豪强著族，或世代通经入仕，或长期把持地方政权。随着九品官人法实行，豪强转化为士族，东晋南渡后发展为"门阀士族"，把持朝政，垄断高官，形成"王与马，共天下"的门阀政治格局。东晋之后宋、齐、梁、陈四朝更迭，刘宋元嘉时期（424—453）是自东晋以来的鼎盛时期，宋文帝加强皇权，用中书舍人草诏，是为南朝"寒人掌机要"之滥觞。

与北方多国并立的状态不同，长江流域政权相对统一。为解决侨置问题，东晋南朝推行土断，按照实际居住地编定户籍。从东晋门阀政治到南朝皇权政治，豪强士族的政治影响力不断降低，寒门在朝廷中发挥越来越大的作用，社会流动性增强，为隋唐重新统一奠定了政治基础。

（三）开发江南

江南地区地势复杂，既有平原，又有丘陵、山地和沼泽地带，在汉代人口稀少，生产落后。东汉章帝时王景为庐江太守，《后汉书·王景传》载："先是百姓不知牛耕，致地力有余而食常不足。郡界有楚相孙叔敖所起芍陂稻田。景乃驱率吏民，修起芜废，教用犁耕，由是垦辟倍多，境内丰给。"

三国时期孙吴政权的建立推动了长江中下游地区的发展。孙吴政权通过屯田"广开农桑之业，积不訾之储"，促进了江南的农业发展。左思《吴都赋》记载"其四野则畛畷无数，膏腴兼倍……煮海为盐，采山铸钱。国税再熟之稻，乡贡八蚕之绵"，对富庶之吴都有清晰的描述。长江上游地区的开发则与蜀汉政权有密切关系,《水经注》引《益州记》言"水旱从人,不知饥馑,沃野千里,世号陆海,谓之天府",农业生产和水利建设都得以大幅度发展。

东晋以来,国家多次出现徙民风潮。谭其骧所著《晋永嘉丧乱后之民族迁徙》中提出,截至刘宋时期,南渡人口约有90万,约占南朝人口的1/6。大批流民过江,既补充了劳动力的不足,也为长江流域带去了中原先进的生产技术。长江流域得以发挥气候优势与江河舟楫之利,经济开发速度加快,从根本上改变原来火耕水耨的落后面貌,使榛莽丛生之地变为良田沃土。沈约在《宋书》中对江南繁盛景象做出评价:"自义熙十一年司马休之外奔,至于元嘉末,三十有九载,兵车勿用,民不外劳,役宽务简,氓庶繁息,至余粮栖亩,户不夜扃,盖东西之极盛也。……自晋氏迁流,迄于太元之世,百许年中,无风尘之警,区域之内,晏如也。……地广野丰,民勤本业,一岁或稔,则数郡忘饥。会土带海傍湖,良畴亦数十万顷,膏腴上地,亩直一金,鄠、杜之间,不能比也。荆城跨南楚之富,扬部有全吴之沃,鱼盐杞梓之利,充牣八方,丝绵布帛之饶,覆衣天下。"江南地区的开发,从农业开始,带动手工业、商业发展,从而改变了传统的经济格局,全国经济重心开始由南向北转移。

此时长江流域少数民族有蛮、俚、僚等，北来移民与世居少数民族有碰撞更有融合，江河滚滚，最终血融一处，但仍有不少少数民族在交往、交流、交融中丰富和发展着自己多姿多彩的民族文化，如苗、瑶、彝、壮等，成为今天中华56个民族大家庭的一员。

唐初，南方粮食已开始供给北方，《新唐书·食货志》记载："唐都长安，而关中号称沃野，然其土地狭，所出不足以给京师、备水旱，故常转漕东南之粟。"唐代安史之乱造成北方著籍户口严重削减，是影响南北经济地位消长的关键事件。藩镇割据与政治动荡使北方士民再次大规模南迁，《旧唐书·地理志》载："自至德后，中原多故，襄、邓百姓，两京衣冠，尽投江、湘，故荆南井邑，十倍其初。"唐中期以后，南方成为朝廷主要财政来源，朝廷通过控制东南地区延续中央政权，在四川、湖北、浙江、安徽等长江流域多设州县，国家租赋主要依赖于此，如杜牧所言"江淮租税，国用根本"。唐末五代时期，北方战乱、水患频发，经济凋敝，城市破败，南方所受破坏稍轻，割据各国"各兴农利，自至丰足"。

宋代，南方发展超越北方，长江流域经济重心地位完全奠定。东南不仅粮产丰富，丝绸、瓷器、冶铁、铸铜等重要产业都集中在长江以南，如范祖禹所言："国家根本，仰给东南。"靖康之难后，大批士人南渡，《建炎以来系年要录》称："中原士民，扶携南渡，不知其几千万人。"南北经济差异进一步扩大的同时，文化重心也呈现出南移倾向。

（四）南北之济

梁启超《中国地理大势论》中描述南北文化特点："燕赵多慷慨悲歌之士，吴楚多放诞纤丽之文，自古然矣。自唐以前，长城饮马，河梁携手，北人之气概也；江南草长，洞庭始波，南人之情怀也。散文之长江大河，一泻千里者，北人为优；骈文之镂云刻月，善移我情者，南人为优。"

黄河流域长期积淀形成了重农、务实、淳朴、重贵轻富、王权至上、重族群集体、崇敬祖先等诸多古代中原文明的基本品质，其文明特质被夏商周三代乃至整个古代中国所继承和发展。从夏商周到隋唐，中国逐渐形成以"中原"为行政中心、以农耕文化为主的行政管理格局，即谁入主中原谁就能掌控"中国"、傲视"天下"。在这种格局下，黄河流域一直是中国政治、经济、军事、科技、思想、文化中心和重心。或者说，黄河文化是多支一体的中华文明的主根脉所在。

中国南北自然地理环境大有差异，如《宋书·索虏传》史臣所论："夫地势有便习，用兵有短长。胡负骏足，而平原悉车骑之地；南习水斗，江湖固舟楫之乡。代马胡驹，出自冀北；梗柟豫章，植乎中土，盖天地所以分区域也。若谓毡裘之民，可以决胜于荆、越，必不可矣；而曰楼船之夫，可以争锋于燕、冀，岂或可乎！"作为中原文明的最后一道防线，长江"天堑"成为阻挡游牧民族南下的天然而巨大的地理屏障。

"中原"或者"中国"的生成，实际没有固定边界，是可以延伸的开放疆域。许倬云对此解释说，"通过文化交融而构成的一个新文化，其中包含了各种地方文化……'中原'向四周扩散，又不断混合，终于熔铸为一个人数众多的文化、经济、政治共同体"。中古时期，黄河流域气候趋寒、战乱频发，大量人口南迁，经济文化重心随之南移，而北方在大多数时期仍保持其政治军事中心的地位。拥有多样地貌、优良生态和富饶资源的长江流域，成为黄河流域文明的延伸、发展和补充。

在五胡乱华、安史之乱、五代更迭、宋金对峙等北方黄河流域战乱最突出的时期，长江流域又以相对安稳的环境接纳了大量移民，保护了中原文化的根脉，为中华文明持续发展提供了依托。从东汉至宋代的四次大规模北方人口南迁使全国经济中心在南宋时期基本完成了从黄河流域到长江流域的转移。例如东晋南朝偏安江左，"收数十代之衣冠礼乐，而生聚长养其中"，江左君臣以中原正统的继承者、礼乐文化的延续者自居，始终将北伐视为强化政权合法性的重要手段；面对江左政权的压力，十六国北朝政权也自觉推动了汉化进程，由此奠定南北再度统一的基础。中原的文化传统随着南渡而迁移、保存于江南，并与长江流域文化兼容混通，随着南北的重新统一回馈给北方，演化成为一种新的中国文化的主流。

经济重心南移之后，大多数王朝的政治重心仍在北方，所谓"北政南经"。黄河流域的军政中心需要长江流域的钱粮财赋支撑，为了与这样的南北格局配适，隋唐至宋元开掘大运河，沟通南北水道。《元史·食货志》记载："元都于燕，去江南极远，而百司庶府之繁，卫士编民之众，无不仰给于江南。""西北甲兵"与"东南财赋"共同构成唐、宋、元、明、清各朝赖以立国的两大支柱。

长江流域的文化传统与黄河流域一样源远流长，生生不息。中华民族的主体诞生于黄河流域，成长和成熟则离不开长江流域。正如梁启超《中国史叙论》所言："中国何以能占世界文明五祖之一，则以黄河扬子江二大川横于温带，灌于平原之故也。"长江流域的开发融合了黄河流域的文明，南北交汇的结果是使中华文明的内涵更为丰富，中华文明也就此形成"江河互济"的双螺旋发展格局。

三、物阜民丰

长江流域地貌多样、资源富饶、水网密布、物畅其流，北宋以降，长江流域经济持续发展，"江南"成为中国历史上重要的文化符号。正如黄宗羲《明夷待访录》中评价南北变迁："秦、汉之时，关中风气会聚，田野开辟，人物殷盛；吴、楚方脱蛮夷之号，风气朴略，故金陵不能与之争胜。今关中人物不及吴、会久矣，又经流寇之乱，烟火聚落，十无二三，生聚教训，故非一日之所能移也。而东南粟帛，灌输天下，天下之有吴、会，犹富室之有仓库匮箧也。"钱穆在《国史大纲》也对此做出分析："中国西北部文物骤衰，实为唐中叶以后一极要之转变……黄河流域之气运，不仅关中以西不复兴，即中部洛阳一带亦不够再做文化、政治的中心点。中国社会的力量，渐渐退缩到东边来……自此以后，南方社会，遂渐渐跨驾到北方社会的上面去。"元、明、清三代，长江两岸港埠星罗，物畅其流，长江流域农业发展，丘陵地区开发，垦田面积扩大，粮食产量增加，北方政治中心对南方经济的依赖结构更为稳固。长江流域商品经济空前发展，文化空前繁荣，江浙地区是物阜民丰的象征。

（一）鱼米之乡

《南史·孙范传》中称"长江天堑，古来限隔"。南北地理的相对封闭，使得长江地带形成了区别于黄河区域农耕与游牧业的稻作文化，尤其是有"鱼米之乡"称谓的长江中下游平原。无论是宋朝出现的"苏湖熟，天下足"还是明朝出现的"两湖熟，天下足"的俗语，都说明了长江流域是我国最重要的粮食生产基地。长江流域的农业是伴随生产力发展与农业、水利的技术进步而发展的。

在原始社会末期至商代末期，黄河流域凭借黄土肥沃疏松，便于木石农具的垦殖，雨季集中，利于旱作谷物生长，黄河支流灌溉等条件，率先成为农耕文化发达地区。长江流域红土土质黏结，不易耕垦，直到春秋战国时期，铁质农具、牛耕和灌溉排水工具发展普及后，其优越的气候条件方得以彰显。

春秋晚期，楚国已开始用铁器作为生产工具，宣告了长江流域生产力水平的极大提升，紧实的红壤得以开垦。战国末至秦，芍陂、邗沟、都江堰等较大规模水利工程的修筑也促进了长江流域的农业发展。

两汉之际气候转寒，北方的年平均气温下降三四摄氏度，农业生产受到了严重影响，而南方农业所受影响相对较小。东汉时期，长江流域部分地区开始使用牛耕，出现了秧苗移栽与双季稻，灌溉农业模式有所发展。

东晋南朝时期，长江流域的耕作技术大幅进步，人们已经学会积粪肥田和深耕细作的技术，在稻作农业基础上开始种植麦类等旱田作物，并推行适宜旱作的区种法。同时，为配合农业灌溉，东晋南朝修建了许多水利工程，如荻塘可灌溉千顷，吴兴塘可灌田二千顷，能灌田万顷的六门堰、芍陂得到修复。东晋虞喜发现岁差现象，祖冲之将其引入《大明历》，使历法更加精确，对农业发展起到了积极作用。

唐代丘陵山区大量开发，辟为良田，水利设施大量兴建，所修渠、塘、堰使大片田地受益，农业产量随之增加。唐代后期，江东地区结合水田耕作的实践经验，将直辕犁改进为曲辕犁，大幅提高了耕种效率，曲辕犁一直沿用至新中国成立初期。同时，灌溉技术提高，辘轳、翻车已普遍使用，还出现以水力旋转的筒车用以灌溉地势较高的农田。此外，长江流域经济作物广泛种植，长江中下游和福建都是产茶区，茶税成为政府重要的税收之一。四川地区丝织业繁盛，蜀锦天下闻名。

宋元时期，江南地区稻麦复种普及，圩田大规模扩展，范仲淹《答手诏条陈十事》言："每一圩方数十里，如大城，中有河渠，外有门闸，旱则开闸引江水之利，潦则闭闸拒江水之害，旱涝不及，为农美利。"圩田亩产量高，从宣州至池州有上千区圩田，万春圩有田42万多亩。在山地则有梯田，在盐碱滩地有淤田。自越南引进的占城稻普遍种植，水稻产量极大提高。太湖、洞庭湖流域成为两宋重要的粮食生产基地。经济作物也主要集中在长江流域，两浙地区是蚕桑的主要种植区。

明清时期长江中游普遍建起垸田，大面积推广双季稻，产量继续提高，湖广、江西等地成为新的产粮中心。江南地区突破单一经营模式，松江、苏州二府棉作兴盛，所谓"邑之民业，首藉棉布"；嘉兴、湖州二府蚕桑兴盛，史载"蚕或不登时，举家辄哭"。

（二）舟楫之利

经济重心南移是我国古代历史的重要趋势，长江流域江河纵横，水运发达，商业与城市的繁荣带动了全国经济的发展。

六朝时造船业发展，左思在《吴都赋》言："弘舸连舳，巨舰接舻。飞云盖海，制非常模。叠华楼而岛峙，时髣髴于方壶。"刘宋"舟航之盛，三代二京无比"。长江流域开始展开大规模航运，各处运河也开始修筑，如孙吴开凿破冈渎联结秦淮河和太湖水网、直通建邺（后改名建康）。伴随着水运的发达，长江流域的城市文化与商业也有了长足发展。建康城（南京）为东吴至南陈六朝京师之地，是当时中国政治、经济、文化、军事中心，也是世界上第一个人口超过百万的城市，与罗马城并称古典文明的两大中心。建康城除了城内官市之外，沿秦淮河东北岸一线还有自然兴起的草市，商税成为国家财政的重要来源。

隋唐时期回归统一帝国，长江流域的经济、社会、文化得到长足发展。大运河的开凿沟通南北，将黄河流域和长江流域连接为一个整体，直到今天南水北调工程多段也都利用了大运河。南方众多河流、湖泊构成多重水网，《旧唐书·崔融传》记载当时水陆运输盛况："天下诸津，舟航所聚，旁通巴、汉，前指闽、越，七泽十薮，三江五湖，控引河洛，兼包淮海。弘舸巨舰，千轴万艘，交贸往还，昧旦永日。"唐代长江流域商业与城市经济发展迅速，以地处南北要冲的扬州和西南中心城市益州更为显著，有"扬一益二"之称。

宋代商业繁荣，江南区域市场形成，港口设立市舶司管理海外贸易，明州（宁波）是著名的国际港口。杭州在北宋时就有"东南第一州"之称，作为南宋都城改名临安后，城市发展更为迅速，至南宋后期，已有著籍人口124万。苏州在北宋时就在籍40万户，与杭州并称繁华，范成大《吴郡志》赞叹："上有天堂，下有苏杭。"以江西景德镇为代表的制瓷业兴起，鄱阳湖周边水路交通便利，商贸活动兴盛。

元代重新疏凿大运河，杭州被马可·波罗称为"世界最富丽名贵之城"，长江沿岸出现了淮安、松江、太仓等新兴工商业城市。明朝继续推动海外贸易，郑和下西洋于太仓刘家港出海，庆隆开放海禁后，长江流域商业资本日益膨胀，形成徽商等有地方特色的商人集团。清代商品经济繁荣，以江西景德镇为代表的工商业市镇继续发展，地区贸易网络逐渐形成，南京、杭州等近代综合型大都市初显雏形。长江流域的很多重要大中型城市，或者继承宋元故址，又经明代重建，如南昌、长沙、武昌、绍兴、宁波等，都源自其一脉相承的经济文化脉络。

（三）斯文在兹

东晋南朝时期北方经学兴盛、继承汉代遗风，江左则玄风盛行、文学繁荣，长江流域与黄河流域文化风气差异已相当显著，正所谓"南人约简，得其英华，北人深芜，穷其枝叶"。

唐朝以科举取士，通过考试选拔官员。虽然唐代科第人物北方士人占据相当大的优势，但当时已有进士科偏重诗赋还是策论的争执。

宋代重文轻武，皇帝"与士大夫共治天下"，科举出身的官员在官僚结构中的比例和地位大大提高。"士大夫"阶层是相对开放的，儒生通过作诗属文进入文官系统，所谓"朝为放牛郎，暮登天子堂"。科举出身的士大夫阶层社会责任感和参政意识是强烈的，正如范仲淹所言："先天下之忧而忧，后天下之乐而乐。"宋代长江流域与黄河流域文化差异进一步扩大，欧阳修谓"东南之俗好文""西北之人尚质"，此时较唐代科举及第比重开始南北易置，南方士人在科举中优势突出，故北宋后期采取南北分卷制度。科举取士也影响到官僚的籍贯分布，陆游《论选用西北士大夫札子》言："伏闻天圣以前，选用人才，多取北人，寇准持之尤力，故南方士大夫沉抑者多。仁宗皇帝照知其弊，公听并观，兼收博采，无南北之异……及绍圣崇宁间，取南人更多，而北方士大夫复有沉抑之叹。"明朝科举入仕者，江苏、浙江、安徽、江西已领先诸省，为平衡地域，科举会试分为南北两榜。长江流域科举的优势一直持续到清末废黜科举。

在科举制度的激励下,知识阶层人口膨胀,整体文化素质发展,书院应运而兴起。书院可以官设,也可以由学者管理,作为中国古代重要的教育机构,书院最早出现在唐初,在宋代得到大规模发展,尤其庆历新政后,书院盛极一时。长江流域的著名书院有湖南长沙的岳麓书院、江西庐山的白鹿洞书院、湖南衡阳的石鼓书院等。宋明理学兴起,以朱熹、王阳明为代表的哲学家、思想家以一己之力开展书院实践活动,从而推动思想文化的发展。

朱熹对南宋书院的勃兴起了至关重要的作用,影响最大的举措就是复兴白鹿洞书院。朱熹完善书院制度,总结教育经验,以白鹿洞书院为基地,培养出众多弟子,传播理学思想,推动学术交流,为宋末至清初几百年间的书院创立了楷模。

王阳明的书院实践活动长达二十余年。他重视书院建设,将其视作自己学术思想的阵地,并在讲学过程中,不断完善、发展自己的学术主张与思想体系。在王阳明的倡导带动下,明正德、嘉靖年间书院与学术形成互为表里、一体发展的趋势:新的理论在书院中崛起,新崛起的理论又一次推动了书院勃兴。据史书记载:"自武宗朝王新建以良知之学行江浙两广间,而罗念庵、唐荆川诸公继之,于是东南景附,书院顿盛,虽世宗力禁而终不能止"，"缙绅之士，遗佚之老，联讲会，立书院，相望于远近"，其"流风所被，倾动朝野"，势不可当。这和数百年前南宋书院与程朱理学一体化发展的情况基本一致。

明代书院多抨击时弊，成为思想舆论的重要阵地，其中以江苏无锡的东林书院最负盛名。清代书院逐渐官化，但也成为维新派接受西学的场所，如张之洞在武昌创立的两湖书院。自魏晋以来，长江流域的思想、学术和文化一直占据着重要地位，呈现繁荣之势，和这一区域的书院与教学兴盛息息相关。

随着书院的盛兴，书籍印刷与藏书也日渐繁盛，对传播思想和保存文献都起到了极大的推动作用。

四、风气之先

近代以来，由于工业的发展，尤其是蒸汽轮船被投入使用，长江的功能得到了充分的发挥，各区域间的联系得到了空前加强，相互影响加深。1840年，鸦片战争爆发，西方资本主义开启了对中国的罪恶侵略。中国在侵略者的严酷挑战下，步履维艰地走上了现代化的历程。

1842年《南京条约》签订后，被迫开放的通商口岸多位于长江沿线。上海开埠,设立了租界,此后又逐步新开汉口、九江、南京、镇江、重庆、苏州、杭州等长江沿江城市为通商口岸。长江沿江城市逐步被卷入开埠通商的进程,在内外战争、政治动荡的影响下艰难发展,形成了相互联系的长江城市带的雏形。

中国的社会结构由封建社会逐步演变为半殖民地半封建社会。从鸦片战争到五四运动,中国人民为了反对帝国主义和封建统治,进行了英勇不屈的斗争,其中主要发生在长江流域的是太平天国农民战争和资产阶级领导的辛亥革命,但都相继失败了。除此之外,洋务运动、维新运动、五族共和等种种政治、经济尝试,也都以长江流域为依托。

新中国的诞生更与长江文明息息相关。1920年9月,上海共产党发起组把《新青年》杂志改为党的公开刊物;同年11月,又创办了《共产党》月刊,这是中国共产党历史上第一个党刊。1921年7月23日,在上海召开了中国共产党的第一次全国代表大会。这次大会,宣告了中国共产党的成立。从南昌起义武装反抗国民党反动派,到井冈山第一个农村革命根据地建立,再到中国第一个红色政权——中华苏维埃共和国在瑞金成立;从于都迈出万里长征第一步,到遵义会议召开;从"四渡赤水"到"飞夺泸定桥";从第二次国共合作到抗战胜利;从打响渡江战役到新中国成立……近代史上几乎所有重大的里程碑事件都发生在长江一线。

近代中国，长江流域开内地风气之先，积极救亡图存。洋务运动推动中国走上近代化进程。长江经济也逐渐由内向型向外向型转变，上海、南京、重庆、武汉等通商港口释放了长江沿线被压抑的潜能，在"实业救国"的理想下成为近现代民族工业的发祥地，时至今日，长江中下游平原形成了多个文化特色鲜明、功能特征显著、规模企业集聚的生态商务区、协同发展城市群，更是我国经济最具活力的区域之一。

总之，经过数千年的发展，长江流域逐渐形成了体大思精的古代思想体系与源远流长的传统文化脉络，在历时层面上，经历着不断的嬗递、完善；在共时层面上，则不乏有彼此的交流、互鉴。这些思想体系与文化脉络是流淌在中国文化之中的血液，是构成文化基因最为重要的部分。依托于自然地理基础和社会历史发展进程，长江文脉赓续至今，凝聚为长江文化的时代精神，立足现代，指向未来。

（一）开放多元精神

开放融合、海纳百川是长江文化的重要内容，也是中华民族永葆生机的基础。

长江文化的开放精神与长江在中国版图上所处的中心位置、东西水路的贯通及南北的纵横辐射作用密切相关。楚人建国时，便富有远见地提出："抚有蛮夷……以属华夏。"这种开放融合的思想，比当时的管子"戎狄豺狼……诸夏亲昵"和孔子"裔不谋夏，夷不乱华"的看法都更具开放性和现代价值。而后来历史上不计其数的人口流动、通商与文化交流，也为长江文化注入了开放的灵魂。

自唐古拉山至东海入海口，多民族融合、多文化涌流的格局写铸在中华民族的悠久历史当中，它又反过来润泽着长江流域发达的移民文化、工业文化、商业文化和竞争文化。《道德经》云，"万物负阴而抱阳，充气以为和"。孔子的弟子有若说："礼之用，和为贵。"孟子讲："天时不如地利，地利不如人和。"和谐、和平、融合、合作，是多元并行的结果。

在长江流域，"十里不同风，百里不同俗"。精耕细作的巴蜀文化、崇巫尚武的荆楚文化、创新进取的吴越文化并存而不悖，众多的物质文化遗产、丰富的非物质文化遗产仍在孕育新的文化果实，技艺和匠心的延续为长江经济带的发展提供丰厚的养料，百卉千葩的历史遗迹与文明景观铸造了新时代下对外交往的广阔舞台，而历史上充满差异、批评和争锋的声调也在百家争鸣的社会思潮中滋养着兼收并蓄、兼容并包的价值观念，多元精神流淌在长江文化的血液中。

长江文化是流动不息的文化。众多支流汇聚而成，滚滚长江东逝水，穿山越谷，一条长江数千年来奔流不息。长江是货运量位居全球内河第一的黄金水道，像一条珍珠项链镶嵌在中华大地，极大地促进了中国东西部文明与文化的交流和发展，也促进了沿岸经济的繁荣和城市的兴起。近代以来，随着中国与世界交往，长江文化的这一特点更为显著。

（二）改革创新精神

与开放多元相联系的创新精神成为长江文化的内涵之一。

楚人有"抚有蛮夷，以属诸夏"的博大胸怀和"大音希声""大象无形"的开放气概；齐人孙子入吴传授兵法，吴公子季札赴鲁观礼以及楚人文种、范蠡入越治军辅政显示出吴越文化的开放襟怀；巴蜀文化吸收楚文化、吴越文化、滇文化和中原文化优秀特质的同时还吸收西亚、东南亚、南亚的某些养分。长江文化是开放的，容纳百家，又给异质文化以影响。

长江文化不仅包含中华民族数千年来形成的优秀传统文化，

也包含着近代以来的革命文化和社会思潮。近代中国，种种切中时弊、意在改造社会的思想与实践更多在长江流域生长。有识之士在上海创办了江南制造总局、轮船招商局、机器织布局，在武汉创办了湖北枪炮厂、汉阳铁厂、湖北织布局，这些举措开军事与民用工业之先河，也使上海、武汉成为全国最重要的工业城市，形成了近代中国的工业文化。长江地区的革命文化则贯穿于新旧中国的巨大转型过程中，四川保路运动、武昌新军起义和南京临时政府的成立结束了封建王朝的历史，中国共产党成立、南昌起义、湘赣边界秋收起义以及中央苏区的确立，则是中共早期革命史的篇章。

长江流域在历史上的重要经济文化地位与技术、观念的革新密切相关。活字印刷术的发明者毕昇是杭州人；被世界最著名的科技史家李·约瑟称为"中国整部科技史中最卓越人物"的沈括在镇江完成了"中国科技史上的坐标"——《梦溪笔谈》的撰著；火药及火枪制造中心主要在江陵、安陆、寿县等地；指南针在宋代时已用于海上航行。元代的长江流域，棉种植业和棉纺业都堪称发达，出现了黄道婆这样的纺织技术改革家。元代为了发展海外瓷器贸易，在景德镇创烧青花瓷，从此，景德镇发展成为中国及世界的"瓷都"。

近代，长江通商口岸引领了内向型经济向开放型经济转变。新中国成立以来，种种改变了中国发展进程的创造如"万里长江第一桥"——武汉长江大桥、世界最大的水利工程——三峡大坝、我国第一个自贸区——上海自贸区等都出现在长江流域，更标示着长江文化"敢为天下先"的创新气质和奋斗精神。改革开放以来，长江文化表现出更多的活力。天堑变通途、渔村变城市的"奇迹"反复在长江流域上演。

（三）崇文重教精神

丰富的资源、众多的人口使长江流域成为唐宋以后中国的经济文化中心。这也造就了长江流域民众柔韧的性格，崇文重教的色彩这一流域格外凸显。

长江流域作为经济重心有着与北方黄河流域迥然不同的文化气质，南方的士人阶层在历史进程中扮演着重要角色。魏晋、南宋时期，吴越文化两次受到北方中原文化的冲击，尤其是大运河的挖掘，加速了南北文化的融合。北人南迁，文人荟萃江南，促成了吴越文化由尚武走向崇文。

唐宋以后，长江流域成为中国经济文化中心，这里继承发扬了古代中原尊文重教的传统，人文之盛，冠盖天下。南方士子在科举中优胜，北宋后期已采取南北分卷制度，明朝科举会试亦分为南北两榜。所谓"文教为本，商宦为用"，意味着人口素质的优势是最根本、最持久的优势。

时至今日，江苏省的高校数量位居全国省级行政区划之首，中部城市武汉的高校数量位居全国城市第二。伴随改革开放和科教兴国战略，上海、南京、武汉、成都、重庆等长江经济带沿线城市的高等教育、科研水平和人口综合素质，为长江沿线的经济发展、制度变革和科技创新奠定了坚实的人才基础。

整体而言，随着中国综合国力的增强，世界各国文化间相互交流的普及和深化，长江文化更加主动吸纳外来文化资源中的优秀成分，助力中国现当代文化的独立自主的卓越创造。长江文化所具有的开放、创新和崇文重教等特征，对于长江经济带的经济社会发展将呈现更有力的支撑和辅助作用。

五、长江新颜

（一）长江经济带

以今观古，长江流域在历史中形成了多民族融合、多文化涌流的中华文化格局。经过漫长的水文变化，长江干流如今流经上海、江苏、浙江、安徽、江西、湖北、湖南、重庆、四川、云南、贵州等11个省（直辖市）。根据2021年国家统计局编印的《中国统计年鉴（2022）》，长江流域人口总数为6170.2亿，占到全国人口总人口的43.68%；流域总面积为178.27万平方千米，占国土总面积的43.68%；耕地面积为39180.3千公顷，占全国耕地面积的30.64%（该数据截止到2019年）；地区生产总值为53.57万亿元，占全国生产总值的46.84%。也就是说，长江流域以不到全国1/5的国土面积和不到1/3的可耕地面积，养育了全国2/5的人口，创造了近一半的国民生产总值。长江流域多年水资源总量占全国河流径流总量的36%，通航里程占全国的56%，长江三角洲、长江中游、成渝、江淮、滇中、黔中等几大城市群，以及70多个地级以上城市，构成我国经济最发达、城市最密集的区域。

长江流域在和平稳定的环境之下取得了发展的重要条件。党的十八大以来，"绿水青山""新型城镇化""生态优先，绿色发展"等指导思想的提出，进一步为创造性转化长江文脉的历史价值提供了有力的思想指引。党中央所做出的推动长江经济带发展的重大决策，更是关系国家发展全局的重大战略。

2016年1月5日，习近平总书记在长江上游城市重庆召开推动长江经济带发展座谈会,听取有关省市和国务院有关部门对推动长江经济带发展的意见和建议。他强调,长江是中华民族的母亲河,也是中华民族发展的重要支撑。推动长江经济带发展必须从中华民族长远利益考虑,走生态优先、绿色发展之路,使绿水青山产生巨大生态效益、经济效益、社会效益,使母亲河永葆生机活力。

2016年9月,《长江经济带发展规划纲要》正式印发,确立了长江经济带"一轴、两翼、三极、多点"的发展新格局。"一轴"是以长江黄金水道为依托,发挥上海、武汉、重庆的核心作用,推动经济由沿海溯江而上梯度发展;"两翼"分别指沪瑞和沪蓉南北两大运输通道,这是长江经济带的发展基础;"三极"指的是长江三角洲城市群、长江中游城市群和成渝城市群,充分发挥中心城市的辐射作用,打造长江经济带的三大增长极;"多点"是指发挥三大城市群以外地级城市的支撑作用。长江经济带覆盖干流的上海、江苏、安徽、江西、湖北、湖南、重庆、四川、云南等9省(直辖市)和支流的浙江、贵州两省,面积约205万平方公里,占全国的21%,人口和经济总量均超过全国的40%,生态地位重要、综合实力较强、发展潜力巨大。

《纲要》从规划背景、总体要求、大力保护长江生态环境、加快构建综合立体交通走廊、创新驱动产业转型升级、积极推进新型城镇化、努力构建全方位开放新格局、创新区域协调发展体制机制、保障措施等方面描绘了长江经济带发展的宏伟蓝图，是推动长江经济带发展重大国家战略的纲领性文件。

2018年4月26日，习近平总书记在长江中游城市武汉主持召开深入推动长江经济带发展座谈会，强调加强改革创新、战略统筹、规划引导，以长江经济带发展推动经济高质量发展。

2020年11月14日，习近平总书记在长江下游城市南京主持召开全面推动长江经济带发展座谈会，指出要保护传承弘扬长江文化。长江造就了从巴山蜀水到江南水乡的千年文脉，是中华民族的代表性符号和中华文明的标志性象征，是涵养社会主义核心价值观的重要源泉。要把长江文化保护好、传承好、弘扬好，延续历史文脉，坚定文化自信。要保护好长江文物和文化遗产，深入研究长江文化内涵，推动优秀传统文化创造性转化、创新性发展。要将长江的历史文化、山水文化与城乡发展相融合，突出地方特色，更多采用"微改造"的"绣花"功夫，对历史文化街区进行修复。

长江是长江经济带发展、长江三角洲一体化发展等国家战略的重要依托，是连接丝绸之路经济带和21世纪海上丝绸之路的纽带，集沿海、沿江、沿边、内陆开放于一体，具有东西双向开放的独特优势。党和国家对长江文化如此重视，源于长江之于中国的重要位置，源于长江文明之于中华文明的重要价值。长江文化是长江经济带发展的深厚根基，长江经济带必将反哺长江文化，为其繁荣和可持续发展奠定社会物质基础。

（二）长江国家文化公园

2019年7月24日，习近平总书记主持召开中央全面深化改革委员会第九次会议，会议审议通过了《长城、大运河、长征国家文化公园建设方案》。2020年1月3日，习近平总书记主持召开中央财经委员会第六次会议，明确要求谋划建设黄河国家文化公园。2020年10月29日，中国共产党第十九届中央委员会第五次全体会议通过《中共中央关于制定国民经济和社会发展第十四个五年规划和二〇三五年远景目标的建议》，提出建设长城、大运河、长征、黄河等国家文化公园。2021年12月，长江国家公园建设正式启动。

国家文化公园作为推动新时代文化繁荣发展的重大文化工程，所选取的都是中华民族的代表性符号和中华文明的标志性象征，都是以之为代表的巨型线性文化遗产。

"长城文化、黄河文化、大运河文化、长征精神、长江文化,这些早已有之的提法,今天被作为大主题、大构造,以国家文化公园来命名、规划、建设和推进,正当其时。这彰显了新时代我们党高度的文化自觉和文化自信。新时代是中华民族伟大复兴的时代,是开启全面建设中国特色社会主义现代化国家的时代,这些大构造、大主题的历史文脉和精神资源,以整体形象、以国家文化公园的形态标示出来,开展全面系统的传承保护、建设弘扬、创造转化,是习近平新时代中国特色社会主义思想的新收获,是以习近平同志为核心的党中央对中国文化整体格局、价值建设、推动共享提出的非凡战略构想,必将使我国的文化发展开新局、出新境。"[1]

国家文化公园"是从国家层面打造文化形象、推进文化建设、传承优秀文化、推动创造性转化和创新性发展,是站在国家、民族、文化的历史和未来来思考,这个大视野、大格局,超

---

[1] 张成:《新时代国家文化公园建设的理路与价值——专访中国艺术研究院院长、国家文化公园建设工作专家咨询委员会总协调人韩子勇》,《中国艺术报》2022年2月11日。

越一省一市一县一乡一村"①。"尊重文化内部规律、尊重历史文脉，超越属地、层级、分类和行业内部。""国家文化公园建设体现以人民为中心的理念，体现为民族谋复兴、为人民谋幸福的宗旨。"②

习近平总书记近年来多次考察长江沿线区域，围绕长江文化做出重要指示：长江与黄河"都是中华民族的发源地，都是中华民族的摇篮"③，都是"中华民族的母亲河，也是中华民族发展的重要支撑"④，"从巴山蜀水到江南水乡的千年文脉，是中华民族的代表性符号和中华文明的标志性象征，是涵养社会主义核心价值观的重要源泉"⑤。伴随着长江国家文化公园的启动，其建设范围涉及

---

① 张成：《新时代国家文化公园建设的理路与价值——专访中国艺术研究院院长、国家文化公园建设工作专家咨询委员会总协调人韩子勇》，《中国艺术报》2022年2月11日。
② 张成：《新时代国家文化公园建设的理路与价值——专访中国艺术研究院院长、国家文化公园建设工作专家咨询委员会总协调人韩子勇》，《中国艺术报》2022年2月11日。
③《习近平在重庆召开推动长江经济带发展座谈会》，"学习强国"学习平台，2016年1月7日。
④《习近平在重庆召开推动长江经济带发展座谈会》，"学习强国"学习平台，2016年1月7日。
⑤《习近平：贯彻落实党的十九届五中全会精神 推动长江经济带高质量发展》，"学习强国"学习平台，2020年11月15日。

上海、江苏、浙江、安徽、江西、湖北、湖南、重庆、四川、贵州、云南、西藏、青海13个省（自治区、直辖市），与长江经济带沿线11个省（自治区、直辖市）正相重合，不仅可以起到双向促进、共同发展的作用，更有利于长江作为中华民族精神标识的塑造和传承。

2023年7月，《长江文化保护传承弘扬规划》正式印发，明确保护传承弘扬长江文化的总体思路是，坚持以习近平新时代中国特色社会主义思想为指导，深入贯彻党的二十大精神，紧紧围绕举旗帜、聚民心、育新人、兴文化、展形象的使命任务，大力保护长江文物和文化遗产，挖掘阐释长江文化蕴含的精神内涵和时代价值，保护传承历史文脉，推进文化自信自强，讲好新时代长江故事，充分体现长江文化对于中华文明孕育传承发展的重要贡献，充分发挥长江文化在长江经济带高质量发展中的重要作用，推动长江文化育民、惠民、利民，使长江文化成为全体人民精神生活共同富裕的重要引领和社会主义文化强国建设的重要支撑，增强实现中华民族伟大复兴的精神力量。

《长江文化保护传承弘扬规划》以习近平总书记重要讲话精神为统领，把保护好、传承好、弘扬好长江文化作为核心内容，并且注重结合长江经济带沿线实际，统筹兼顾长江流域上、中、下游特点和文化多样性，与长江国家文化公园建设范围保持一致，相信伴随着今后《长江国家文化公园建设实施方案》和《长江国家文化公园建设保护规划》的陆续落地，长江流域必将焕发新颜。

结　语

长江是中华文化流动的血脉，是一部书写在华夏大地上的宏伟诗篇。长江和黄河共同构建了"江河互济"的中华文明格局。长江流域为古代中原文明的保存提供了丰厚土壤，成为绵延不息的中华文化不断再生的自然和人文保障。

"有源之水常新"，长江文化的开放多元、改革创新、崇文重教精神续写着中国历史发展进程，见证着中华民族的伟力。而赓续千年文脉，使长江文化流传生新，是当代国人应有的自觉和作为。继承弘扬长江文脉的意义在于，令古代文化精神转化为当代文化魅力，让长江文脉跨越时间与地域，使无形的精神文脉成为有形的文化资源，实现多元创新的对外文化交流和对内文化传承模式，让中华文明与文化实现多层次、多格局、多方式的魅力与实力展示。

当前，谋划中国经济新棋局、推动沿海沿江沿边全面开放，构建横贯东西、辐射南北、通江达海、经济高效、生态良好的长江经济带，应当考虑长江流域中巴蜀、荆楚、吴越文化的历史价值和现代转化。努力发挥长江文化的协同、引领作用，努力推进文化与经济社会的互动互促。保护好、传承好、弘扬好长江文化，建好用好国家文化公园，为长江经济带建设提供智力支持和价值引领，使日渐繁荣的长江经济带更加富有时代的气息，更加具有文化的内涵，真正实现"一江清水惠泽万世"的美好画卷。